Carolin Riedl

Werbewirkungsforschung

Neue Ansätze durch Neuromarketing

igel Verlag
RWS

Riedl, Carolin: Werbewirkungsforschung: Neue Ansätze durch Neuromarketing, Hamburg, Igel Verlag RWS 2014

Buch-ISBN: 978-3-95485-201-7
PDF-eBook-ISBN: 978-3-95485-701-2
Druck/Herstellung: Igel Verlag RWS, Hamburg, 2014

Bibliografische Information der Deutschen Nationalbibliothek:
Die Deutsche Nationalbibliothek verzeichnet diese Publikation in der Deutschen Nationalbibliografie; detaillierte bibliografische Daten sind im Internet über http://dnb.d-nb.de abrufbar.

Das Werk einschließlich aller seiner Teile ist urheberrechtlich geschützt. Jede Verwertung außerhalb der Grenzen des Urheberrechtsgesetzes ist ohne Zustimmung des Verlages unzulässig und strafbar. Dies gilt insbesondere für Vervielfältigungen, Übersetzungen, Mikroverfilmungen und die Einspeicherung und Bearbeitung in elektronischen Systemen.

Die Wiedergabe von Gebrauchsnamen, Handelsnamen, Warenbezeichnungen usw. in diesem Werk berechtigt auch ohne besondere Kennzeichnung nicht zu der Annahme, dass solche Namen im Sinne der Warenzeichen- und Markenschutz-Gesetzgebung als frei zu betrachten wären und daher von jedermann benutzt werden dürften.

Die Informationen in diesem Werk wurden mit Sorgfalt erarbeitet. Dennoch können Fehler nicht vollständig ausgeschlossen werden und die Diplomica Verlag GmbH, die Autoren oder Übersetzer übernehmen keine juristische Verantwortung oder irgendeine Haftung für evtl. verbliebene fehlerhafte Angaben und deren Folgen.

Alle Rechte vorbehalten

© Igel Verlag RWS, Imprint der Diplomica Verlag GmbH
Hermannstal 119k, 22119 Hamburg
http://www.diplomica.de, Hamburg 2014
Printed in Germany

Inhaltsverzeichnis

Abbildungsverzeichnis 7
1. Einleitung 9
   1.1 Problemdarstellung und Ziel der Studie 9
   1.2 Aufbau des Buches 10
2. Begriffliche Abgrenzung 12
   2.1 Werbung 12
   2.2 Werbewirkung und Werbeerfolg 13
   2.3 Werbewirkungsforschung 14
   2.4 Involvement 16
   2.5 Informationsoverflow 17
3. Werbeziele 18
   3.1. Ökonomische Werbeziele 18
   3.2 psychologische Werbeziele 19
4. Werbewirkungsmodelle und -theorien 20
   4.1 Stimulus-Response-Modelle 21
   4.2 Stufenmodelle 21
   4.3 Involvement-Modelle 23
   4.4 Sinus-Milieu-Modell 26
5. Werbewirkungskriterien 30
   5.1 Wahrnehmung und Aufmerksamkeit 30
   5.1.1 Selektive Wahrnehmung 31
      5.1.2 Effekte der Werbewiederholung 31
   5.2 Informationsverarbeitung und –speicherung 33
   5.3 Werbekenntnis und Markenbekanntheit 34
   5.4 Emotionen und Stimmungen 36
   5.5 Motivation 37
   5.6 Einstellungen und Präferenzen 38
   5.7 Kaufabsicht 39
6. Erhebungsmethoden zur Messung der Werbewirkung 40
   6.1 Grundlagen 40
   6.2 Befragung 41
   6.2.1 Persönliche Befragung 41
   6.2.2 Schriftliche Befragung 42
   6.2.3 Telefonische Befragung 42
   6.2.4 Online-Befragung 43
   6.2.5 Interaktive Befragung 43
   6.2.6 Panelerhebungen 44
   6.3 Beobachtung 44
   6.4 Inhaltsanalyse 45
   6.5 Experiment 45
7. Messung von Werbewirkung 47
   7.1 Implizite Messverfahren 47

    7.2 Nonverbale Messverfahren 47
    7.3 Pretest und Posttest 49
    7.4 Copytest 49
    7.5 Tracking-Studien 51
    7.6 Probleme der Messung von Werbewirkung...51
    7.6.1 Wirkungsinterdependenzen 52
    7.6.2 Spezifische und grundsätzliche Messprobleme 52

8. Erkenntnisse des Neuromarketing..54
    8.1 Pilot und Autopilot 54
    8.2 Der Einfluss von Emotionen 56

9. Veränderte Rahmenbedingungen 58
    9.1 Entwicklung der Werbeträger und Werbemaßnahmen...................................58
    9.1.1 Direktmarketing 58
    9.1.2 Fernsehwerbung...67
    9.2 Marktsättigung 68
    9.3 Demografischer Wandel 69
    9.4 Verändertes Konsumentenverhalten 70
    9.4.1 Wertewandel 70
    9.4.2 Preissensibilität 71

10. Fazit 72

Literaturverzeichnis 77

Abbildungsverzeichnis

Abbildung 1: Forschungsrichtungen der Werbewirkung: _____ 14

Abbildung 2: Zielsystem der Werbung: _____ 18

Abbildung 3: Grundmodell der Wirkungspfade: _____ 24

Abbildung 4: Sinus-Milieu-Modell: _____ 26

Abbildung 5: Grundmodell der Werbewirkung: _____ 28

Abbildung 6: Wear-out-Effekt bei Werbewiederholungen: _____ 33

Abbildung 7: Anzahl werbende Unternehmen im Mediensplit: _____ 60

1. Einleitung

1.1 Problemdarstellung und Ziel der Studie

Die Anzahl der Veröffentlichungen über die Wirkung von Werbung ist kaum überschaubar. Das große Interesse an der Frage, ob und wie die Werbung auf den Konsumenten wirkt, ist angesichts der rund 30 Milliarden Euro, die Unternehmen jedes Jahr in Deutschland in Werbung investieren,[1] wenig erstaunlich. Der berühmte Satz des amerikanischen Warenhausunternehmers John Wanamaker „Ich weiß, dass die Hälfte meiner Werbeausgaben herausgeschmissenes Geld ist – ich weiß nur nicht welche Hälfte", charakterisiert nicht nur die Situation seiner Zeit. Auch heute, nach über 50 Jahren, kann die Frage, welchen Erfolg die getätigten Werbeinvestitionen bringen und was erfolgreiche Werbung ausmacht, nicht ganzheitlich und zufrieden stellend beantwortet werden. In keinem anderen Unternehmensbereich herrscht bei vergleichbarer Investitionshöhe so große Ungewissheit über deren Erfolg. Dabei wird es für die Werbetreibenden angesichts der knapper werdenden Budgets immer wichtiger, die Investitionen effektiv einzusetzen.

Erfolgreiches Werben setzt Kenntnisse der Werbewirkung voraus. Dabei stehen Fragen nach den Wirkungsmechanismen sowie der Messbarkeit von Werbewirkung im Vordergrund.[2]

Werbung gilt als eine Investition in den Wert einer Marke und will neben der Absatzsteigerung vor allem die psychologischen Prozesse im Inneren des Konsumenten beeinflussen.[3] Werbung wirkt zunächst direkt auf die psychologischen Prozesse und erst danach indirekt auf das eigentliche Kaufverhalten. Die psychologischen Werbewirkungen stehen meist im Mittelpunkt der Forschung,[4] da die ökonomischen Wirkungen durch zahlreiche Faktoren beeinflusst werden, was eine Zuordnung des Wirkungszusammenhangs zur Werbung erschwert.[5]

Nahezu jedes Werbewirkungsmodell geht von der Annahme aus, dass Werbung nur wirken kann, nachdem sie vom Konsumenten zunächst wahrgenommen wurde. Nach

---

[1] vgl. Zentralverband der deutschen Werbewirtschaft (2006), S. 9
[2] vgl. Sevenone Media GmbH (2002), S. 5
[3] vgl. Erichson / Maretzki (1993), S.523 in Berndt / Hermanns (1993), S.523.
[4] vgl. Ellinghaus (2000), S. 3
[5] vgl. Ellinghaus (2000), S. 1

Kroeber-Riel herrscht in Deutschland durch die Werbung ein Informationsoverflow von etwa 95%. Dieser Umstand bedeutet für ihn, dass lediglich 5% der dargebotenen Werbeinformationen die Empfänger erreichen und die verbleibenden 95% somit unwirksam sind.[6] Jeden Tag überfluten Konsumenten mehr als 3.000 Werbebotschaften, die um seine Aufmerksamkeit konkurrieren und Experten rechnen mit einem weiteren Anstieg.[7]

Ausgehend von den beschriebenen Erläuterungen soll im Rahmen dieser Studie der aktuelle Stand der Werbewirkungsforschung unter dem Einfluss des Informationsoverflows der Konsumenten dargestellt werden. Es wird aufgezeigt, inwieweit bisherige Werbewirkungsmodelle einen Beitrag zur heutigen Werbewirkungsforschung leisten, welche Messmethoden herangezogen werden und welche neuen Erkenntnisse das Neuromarketing bringt. Außerdem wird dargelegt, welche Rahmenbedingungen sich geändert haben und inwieweit sie Auswirkungen auf die Werbewirkungsforschung und deren Erkenntnisse haben.

Das Buch ist ein deskriptiver Ansatz, da keine neu gewonnenen, selbst erarbeiteten Erkenntnissen geliefert werden, sondern versucht wird, den derzeitigen Forschungsstand bezüglich der Werbewirkung zu beleuchten.

1.2 Aufbau des Buches

Das vorliegende Buch ist in insgesamt 10 verschiedene Kapitel aufgeteilt.

Beginnend mit der Problemdarstellung und dem Ziel der Studie sollen in Kapitel 2 die wichtigsten verwendeten Begrifflichkeiten abgegrenzt werden, um ein einheitliches Verständnis sicherzustellen. Die Begriffe „Werbung", „Werbewirkung" und „Werbeerfolg", „Werbewirkungsforschung" sowie „Involvement" und „Informationsoverflow" werden eingehend beschrieben.

Kapitel 3 setzt sich mit den Zielen der Werbung auseinander und legt den Schwerpunkt dieser Studie auf die psychologischen Werbeziele fest, mit denen die Werbewirkung im engeren Sinn definiert wurde.

In Kapitel 4 werden einige der wichtigsten Werbewirkungsmodelle und

---

[6] vgl. Kroeber-Riel / Esch (2004), S. 17
[7] vgl. Dierks / Hallemann (2005), S. 63

–theorien, wie das S-R-Modell, das AIDA-Modell oder das Sinus-Milieu-Modell beschrieben sowie kritisch beurteilt.

Kapitel 5 befasst sich mit den wichtigsten psychologischen Werbeerfolgskriterien, die die momentanen Reaktionen eines Konsumenten auf einen Werbekontakt sowie die dauerhaften Gedächtnisreaktionen umfassen.

Da die Messung der Werbewirkung ein wichtiger Bestandteil der Werbewirkungsforschung ist, werden in Kapitel 6 die verschiedenen Erhebungsmethoden zur Messung der Werbewirkung erläutert sowie Vor- und Nachteile beschrieben.

Im siebten Kapitel folgen Beschreibungen zu einigen Messverfahren der Werbewirkung. Dabei werden auch neuere Ansätze vorgestellt sowie Probleme bei der Messung von Werbewirkung erläutert.

In Kapitel 8 wird gezeigt, welchen Beitrag die neuesten Erkenntnisse des Neuromarketings zum aktuellen Stand der Werbewirkungsforschung leisten.

Kapitel 9 befasst sich mit den geänderten Rahmenbedingungen, die die heutige Werbung und somit auch die Werbewirkung beeinflussen. Es wird gezeigt, welchen Einfluss neue Medien und Werbemaßnahmen haben, wie sich die Sättigung vieler Märkte auswirkt, wie sich das Konsumentenverhalten geändert hat und welchen Beitrag der demografische Wandel leistet.

Das Buch endet schließlich in Kapitel 10 mit einer Schlussbetrachtung, sowie dem Fazit, das aus der Untersuchung gezogen wird.

2. Begriffliche Abgrenzung

2.1 Werbung

Um die Wirkung von Werbung näher zu untersuchen, muss deutlich sein, was unter dem Begriff Werbung zu verstehen ist. Dabei kann von keinem einheitlichen Werbebegriff ausgegangen werden, denn die Definitionen und Begriffbestimmungen sind sehr weit reichend.[8] Kennzeichnend ist, dass es sich bei Werbung um einen Kommunikationsprozess handelt, an dem ein Sender, eine Botschaft, ein Übertragungsmedium und ein Empfänger beteiligt sind.[9] Kloss definiert Werbung in Anlehnung an Kroeber-Riel und Behrens als *„eine absichtliche und zwangsfreie Form der Kommunikation, mit der gezielt versucht wird, Einstellungen von Personen zu beeinflussen"*[10]. Werbung kann als Prozess gesehen werden, bei dem mit Hilfe von verschiedenen Kommunikationsmitteln momentane Reaktionen (z.B. Aufmerksamkeit), dauerhafte Gedächtnisreaktionen (z.B. Einstellungen) und finale Verhaltensreaktionen (z.B. Kauf) beeinflusst werden sollen.[11] Werbung gilt als eine Investition in den Wert einer Marke und will neben der Absatzsteigerung vor allem die psychologischen Prozesse im Inneren des Konsumenten beeinflussen.[12] Werbung will zunächst die Einstellungen und Meinungen der Konsumenten zugunsten der beworbenen Produkte positiv beeinflussen. Die positiven Einstellungen sollen sich wiederum auf das tatsächliche Kaufverhalten übertragen und somit den gewünschten Erfolg erzielen.[13]

Werbung lässt sich grob in die drei Bereiche

- Public Relations
- Propaganda
- Wirtschaftswerbung

einteilen.

Der Fokus dieses Buches wird auf der Betrachtung der Wirtschaftswerbung liegen, unter der die auf Absatz ausgerichtete werbliche Kommunikation verstanden wird.[14]

---

[8] vgl. Spanier (2000), S. 20
[9] vgl. Mayer / Illmann (2000), S. 380
[10] Zit. n. Kloss (2003), S. 6
[11] vgl. Gleich (2003), S. 329
[12] vgl. Erichson / Maretzki (1993), S.523 in Berndt / Hermanns (1993), S.523.
[13] vgl. Fox (2004), S. 28
[14] vgl. Spanier (2000), S. 22

2.2 Werbewirkung und Werbeerfolg

In der Fachliteratur wird sowohl von der Wirkung der Werbung auf den Konsumenten als auch vom Erfolg der Werbung gesprochen. Da diese beiden Begriffe unterschiedliche Bedeutungen haben können, sollen sie im Hinblick auf die in dieser Studie zutreffende Verwendung definiert werden. Dies verdeutlicht die Ausrichtung der Studie.

In der Fachliteratur gibt es unterschiedliche Auffassungen über den Begriff der Werbewirkung, da die Kommunikation und ihre Wirkungsmechanismen sehr komplex sind und Werbung unterschiedliche Wirkungen auslösen kann.[15] Im Allgemeinen wird unter Werbewirkung die von einem werblichen Reiz ausgelöste Reaktion bei einer Zielperson oder einer Zielgruppe verstanden.[16] Dies ist angesichts der Vielfalt denkbarer werbeinduzierter Reaktionen zunächst ein sehr weit gefasster Begriff.[17] In der gängigen Literatur wird daher häufig eine Zweiteilung der Werbewirkung (im weiteren Sinn) vorgenommen: in die kommunikative oder psychologische Werbewirkung (Werbewirkung im engeren Sinn) und in die ökonomische Werbewirkung (Werbeerfolg). Die psychologische Werbewirkung (im Folgenden nur Werbewirkung genannt) kann in „momentane Reaktionen" wie z.B. Aufmerksamkeit, Denkprozesse oder emotionale Vorgänge; und in „dauerhafte Gedächtnisreaktionen" wie Kenntnisse, wertende Einschätzungen oder Kaufabsichten unterteilt werden.[18]

Als Werbeerfolg werden primär die ökonomischen Wirkungen der Werbung verstanden, die mittels des Umsatzes, der Absatzmenge oder des Marktanteils gemessen werden kann. Diese Maßgrößen lassen sich mehr abstrakt definieren und schwer messen, da der Beitrag der Werbung zur Erreichung von ökonomischen Zielen schwer von anderen Marketingmaßnahmen und sonstigen Einflussgrößen isoliert werden kann.[19] In einem engen Sinn tritt Werbeerfolg dann ein, wenn der Werbeertrag die Werbeaufwendungen übersteigt, also ein Werbegewinn erzielt wurde.[20]

---

[15] vgl. Kloss (2003), S. 52
[16] vgl. Müller / Weber (1994), S. 925
[17] vgl. Schlichthorst (2006), S. 8
[18] vgl. Steffenhagen (2000), S. 8 ff.
[19] vgl. Koschnick (2003)
[20] vgl. Spanier (2000), S. 24

2.3 Werbewirkungsforschung

Werbewirkungsforschung befasst sich mit der kommunikativen und der ökonomischen Zielerreichung der Werbung.[21] In der gängigen Literatur wird meist eine Gliederung in zwei Forschungsrichtungen vorgenommen. Zum einen in die theoretische Werbewirkungsforschung und zum anderen in die praktische Werbewirkungsforschung.

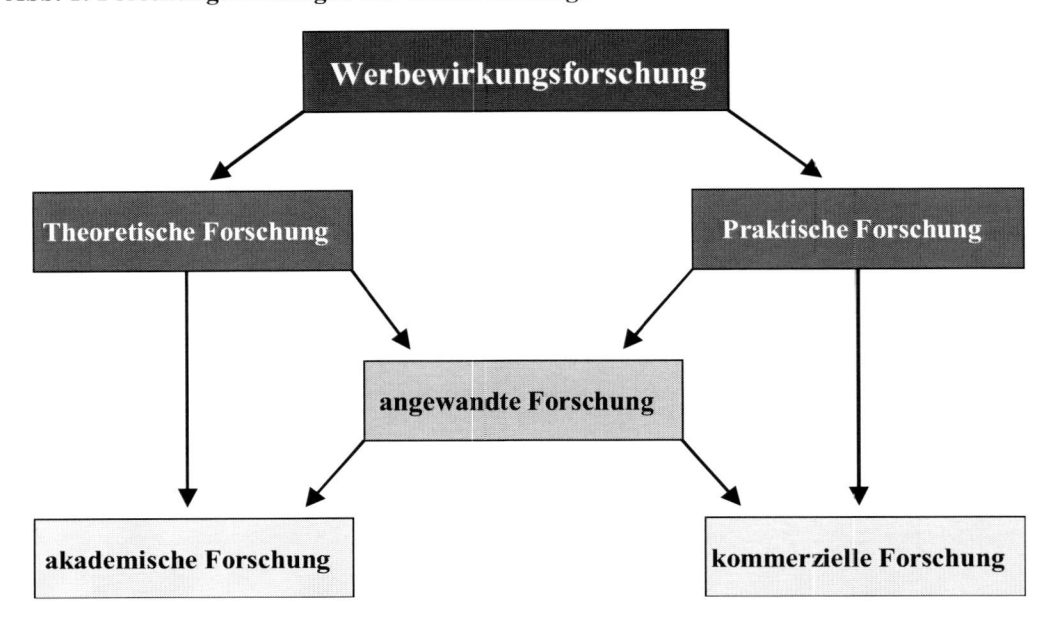

Abb. 1: Forschungsrichtungen der Werbewirkung:

```
                    Werbewirkungsforschung
                    /                    \
           Theoretische Forschung    Praktische Forschung
                    \                    /
                      angewandte Forschung
                    /                    \
           akademische Forschung    kommerzielle Forschung
```

Quelle: in Anlehnung an Spanier (2000), S. 15

Die theoretische Werbewirkungsforschung hat das Ziel, den „wahren" Werbewirkungsprozess zu finden und wird vorwiegend als akademische Forschung an Universitäten betrieben. Die Werbewirkung wird hier vorrangig in den Wirtschaftswissenschaften und in den Sozialwissenschaften erforscht.[22]

Die praktische Werbewirkungsforschung untersucht eher den Nutzen von Werbung und findet als kommerzielle Forschung überwiegend in Marktforschungsinstituten statt.[23] Dabei handelt es sich in der Regel um Studien für Unternehmen, Medien oder Werbe-

---

[21] vgl. Spanier (2000), S. 24
[22] vgl. Spanier (2000), S. 14
[23] vgl. Fox (2004), S. 26

träger. Untersucht wird die Effektivität der eingesetzten Werbemaßnahmen bezüglich des Kaufverhaltens der Konsumenten.[24]

Die angewandte Werbewirkungsforschung ist eine Kombination aus der praktischen und der theoretischen Werbewirkungsforschung. Sie integriert außerdem aus einem Anwendungsfeld heraus die akademische und die kommerzielle Forschung.[25]

Trotz der Konzentration auf unterschiedliche Wirkungsbereiche gibt es in den verschiedenen Forschungsgebieten eine Reihe von Überschneidungen und Parallelen, die den Forschungstransfer ermöglichen.[26]

Der Umfang der bisherigen Werbewirkungsforschung steht in keinem guten Verhältnis zu den erbrachten Resultaten. Das liegt zum einen an der Schwierigkeit der Werbewirkungsmessung und zum anderen daran, dass bis heute keine Einigkeit darüber besteht, welche Größen durch die Werbung beeinflusst werden und welche davon als geeignete Zielgrößen zur Messung der Werbewirkung im weiteren Sinn herangezogen werden können. Die ökonomischen Messgrößen wie die Absatzmenge sind zwar aus betriebswirtschaftlicher Sicht nahe liegende Zielgrößen zur Ermittlung des Werbeerfolgs, jedoch wird der Absatz durch zahlreiche Faktoren beeinflusst, wie z.B. andere Marketing-Mix-Variablen, Konkurrenzaktivitäten oder Umweltfaktoren.[27] Dies erschwert eine Kontrolle des Wirkungszusammenhangs zwischen den ökonomischen Größen und der Werbung. Nach Meinung vieler Autoren sind sie demnach nicht als Zielgröße für die Werbewirkungsmessung geeignet, da ihr Erfolg oder Misserfolg nicht eindeutig auf getätigte Werbemaßnahmen zurückzuführen ist.[28] Vor diesem Hintergrund stehen die psychologischen Werbewirkungen im Mittelpunkt der theoretischen und praktischen Werbewirkungsforschung[29] sowie in der weiteren Untersuchung dieser Studie.

Es muss jedoch berücksichtigt werden, dass die Erreichung von psychologischen Werbewirkungen alleine die Werbeinvestitionen von Unternehmen nicht rechtfertigen kann. Dies ergibt sich unmittelbar aus der Zielfunktion der Werbung, den Absatz der Produkte und damit den Umsatz des Unternehmens zu steigern.

---

[24] vgl. Spanier (2000), S. 14
[25] vgl. Fox (2004), S. 26
[26] vgl. Spanier (2000), S. 31
[27] vgl. Ellinghaus (2000), S. 1
[28] vgl. bsp. Bongard (2002), S. 93 / Schlichthorst (2006), S. 9
[29] vgl. Ellinghaus (2000), S. 3

Ziel der Werbewirkungsforschung sollte somit sein, zu erforschen, wie und welche Werbung bei welchen Konsumenten wirkt, um damit die Werbeinvestitionen der Unternehmen zu optimieren.

2.4 Involvement

Der Begriff des Involvements hat im Laufe seiner Erforschung in der Werbewirkungsforschung immer mehr an Bedeutung gewonnen, da Werbung aufgrund der gestiegenen Informationsflut zunehmend weniger beachtet und oft nicht aktiv und aufmerksam verarbeitet wird.[30] In der Literatur gibt es keine eindeutige Definition von „Involvement". Man versteht darunter z.B. Ich-Beteiligung oder die Bereitschaft, Informationen aufzunehmen und zu verarbeiten.[31] Es kann nicht von dem Involvement gesprochen werden, da Involvement je nach Persönlichkeit des Menschen und je nach Situation unterschiedliche Bedeutungen und Formen haben kann.[32] In Zusammenhang mit Werbe- und Marketingmaßnahmen tauchte der Begriff erstmals 1958 auf, wurde aber erst durch Krugman, der ihn 1965 in die Werbewirkungsforschung einführte, einer breiteren Öffentlichkeit bekannt.[33] Krugman versteht unter Involvement *„die Anzahl von bewussten gedanklichen Verbindungen, die der Rezipient zwischen dem Informationsangebot und seinem eigenen Leben zieht"*[34]. Er unterscheidet zwei Arten von Involvement: Low Involvement und High Involvement. Dabei hat er festgestellt, dass ein Großteil der Werbeinhalte passiv und wenig involviert verarbeitet wird.[35] Der Grad des Involvements beeinflusst die Intensität der Informationsverarbeitung und wird durch personen-, stimulus- und situationsspezifische Faktoren bestimmt. Krugman ist der Ansicht, dass bei geringem Involvement die Werbung den Konsumenten nur zum Kauf eines bestimmten Produktes überzeugen kann, wenn sie durch häufige Wiederholungen die Erinnerung an das Produkt festigt. Zur Kaufentscheidung werden dann alle erinnerten Informationen über das Produkt herangezogen und die Einstellung zu dem Produkt erst nach dem Kauf gefestigt.

---

[30] vgl. Spanier (2000), S. 33
[31] vgl. beispielsweise Trommsdorff (2004), S. 36 oder Kloss (2003), S. 90
[32] vgl. Solomon / Bamossy / Askegaard (2001), S. 129 / Kloss (2003), S. 90
[33] vgl. Spanier (2000), S. 33 ff.
[34] Zit. n. Bongard (2002), S. 296
[35] vgl. Kloss (2003), S. 90

Low Involvement tritt häufig bei Produkten auf, die ausgereift sind und bei denen in der Produktgruppe nur geringe Unterschiede bestehen. Des Weiteren bei Routinekäufen wie Lebensmitteln und bei Käufen, bei denen ein geringes Kaufrisiko besteht. Man geht davon aus, dass heutzutage etwa 95% aller Werbekontakte Low-Involvement-Kontakte sind,[36] was nicht zuletzt auch auf den Informationsoverflow zurückzuführen ist.[37] High Involvement hingegen ist häufig bei Produkten mit einem höheren Kaufrisiko oder einer längerfristigen Bindung wie langfristige Gebrauchsgüter oder Vertragsabschlüssen festzustellen.[38]

2.5 Informationsoverflow

Unter Informationsoverflow oder auch Informationsüberschuss versteht man *„den Anteil der nicht beachteten Informationen an den insgesamt angebotenen Informationen"*.[39] Nach Kroeber-Riel herrscht in Deutschland durch die Werbung ein Informationsoverflow von etwa 95%. Dieser Umstand bedeutet für ihn, dass lediglich 5% der dargebotenen Werbeinformationen die Empfänger erreichen und die verbleibenden 95% somit unwirksam sind.[40]

Diese Problematik wird noch weiter zunehmen, da Experten mit einem weiteren Anstieg der Werbemittel rechnen. Waren es vor 30 Jahren noch geschätzte 300-600 Werbebotschaften pro Tag und Konsument, sind es heute täglich über 3000,[41] die um die Aufmerksamkeit der Konsumenten konkurrieren.[42] Ein Grund dafür ist, dass immer neue Anbieter und Medien um Marktanteile ringen. Die Schere zwischen Informationsangebot und Informationsnachfrage wird also immer weiter auseinander gehen, da einerseits das Informationsangebot weiter ansteigt, jedoch andererseits der Konsum von Informationen nur geringfügig zunimmt, da der Reizaufnahme des Konsumenten natürliche Grenzen gesetzt sind. Die Werbung steht somit vor der Aufgabe, in dieser Informationsflut auch dann zu wirken, wenn sie nur flüchtig und bruchstückhaft wahrgenommen wird.[43]

---

[36] vgl. Scheier / Held (2006), S. 159
[37] vgl. Altenbach (2006), S. 59
[38] vgl. Spanier (2000), S. 36
[39] Zit. n. Kroeber-Riel / Esch (2004), S. 15
[40] vgl. Kroeber-Riel / Esch (2004), S. 17
[41] vgl. Scheier / Held (2006), S. 18
[42] vgl. Dierks / Hallemann (2005), S. 63
[43] vgl. Kroeber-Riel / Esch (2004), S. 15 ff.

3. Werbeziele

Ohne klar definierte Werbeziele lassen sich die Werbewirkungen nicht bewerten. Werbeziele werden aus den verschiedenen Absatzzielen abgeleitet, die wiederum aus den übergeordneten Unternehmenszielen resultieren.

Abb. 2: Zielsystem der Werbung:

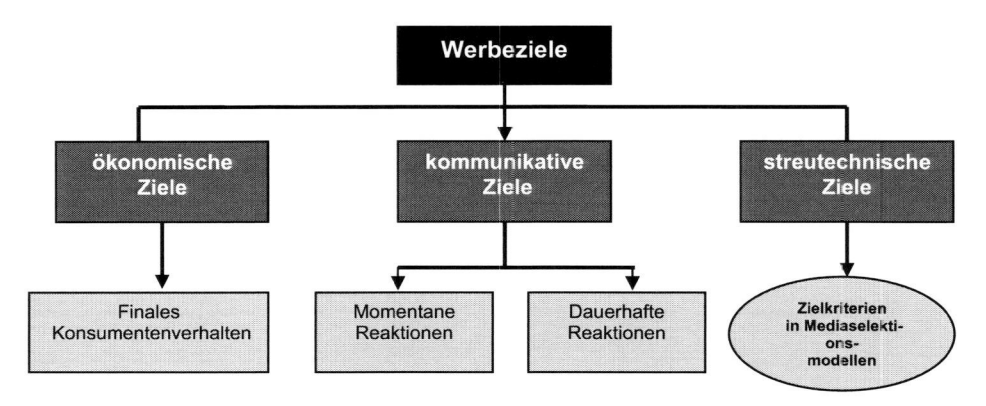

```
                        Werbeziele
                            |
        ┌───────────────────┼───────────────────┐
   ökonomische         kommunikative        streutechnische
      Ziele                Ziele                Ziele
        |              ┌─────┴─────┐              |
     Finales         Momentane   Dauerhafte   Zielkriterien
  Konsumenten-      Reaktionen   Reaktionen   in Mediaselekti-
    verhalten                                  onsmodellen
```

Quelle: In Anlehnung an Bongard (2002), S. 87

Die Ziele der Werbung werden in ökonomische, kommunikative (psychologische) und in streutechnische Ziele unterteilt, wobei auf streutechnische Ziele in dieser Studie nicht näher eingegangen werden soll, da sie für diese Untersuchung nicht von Bedeutung sind.[44]

3.1. Ökonomische Werbeziele

Unter ökonomischen Werbezielen versteht man alle ökonomisch messbaren Größen, die man der Werbung zurechnen kann. Dazu zählen unter anderem

- der Werbeertrag,
- der Werbegewinn sowie
- der Marktanteil eines Unternehmens.

Diese Ziele resultieren in der Abbildung aus dem „finalen Konsumentenverhalten", das alle Parameter der Kaufreaktion (Produktwahl, Markenwahl, Kaufmenge, Ausgaben) beinhaltet.[45]

---

[44] vgl. Bongard (2002), S.85 ff.
[45] vgl. Bongard (2002), S. 88

Ökonomische Werbeziele sind von vielen nicht kontrollierbaren Einflüssen wie z.B. der konjunkturellen Lage oder der Konkurrenzsituation abhängig.[46] Deshalb ist es, wie in Kapitel 2.3 bereits beschrieben, schwierig, einen direkten Zusammenhang zwischen der Werbung und der Erreichung der ökonomischen Werbeziele herzustellen.

3.2 psychologische Werbeziele

Da im Hinblick auf diese Studie vornehmlich die Wirtschaftswerbung betrachtet wird und diese letztendlich auf den Absatz gerichtet ist, kann man die psychologischen Werbeziele als Subziele zur Erreichung der ökonomischen Ziele eines Unternehmens verstehen.[47] Nach Schweiger und Schrattenecker muss eine Werbebotschaft erst aufgenommen, verarbeitet und gespeichert werden, bevor sie beim Konsumenten wirken kann und sein Verhalten beeinflusst.[48]

Die psychologischen Werbeziele können in „momentane Reaktionen" und „dauerhafte Gedächtnisreaktionen" unterteilt werden. Dauerhafte Gedächtnisreaktionen umfassen solche Reaktionen, die beim Kontakt mit einem Werbemittel im Inneren des Konsumenten ausgelöst und nach einer gewissen Zeitspanne im Langzeitgedächtnis gespeichert werden. Darunter fallen unter anderem

- Kenntnisse (Werbekenntnis und Markenbekanntheit)
- wertende Einschätzungen (Werbeeinstellung und Markenimage)
- Kaufinteressen und –absichten.[49]

Momentane Reaktionen bestehen aus den Teilprozessen der Aufnahme und der Verarbeitung werblicher Reize.[50]

Psychologische Werbeziele werden auch als außerökonomische Ziele der Werbewirkung bezeichnet und gehen der Kaufhandlung als dem übergeordneten Ziel der Werbung voraus. Im Gegensatz zu den ökonomischen Werbezielen werden psychologische Werbeziele nicht oder nur gering durch andere Marketing-Mix-Variablen, Konkurrenzaktivitäten oder Umweltfaktoren beeinflusst.[51]

---

[46] vgl. Ellinghaus (2000), S. 1
[47] vgl. Spanier (2000), S. 22
[48] vgl. Schweiger / Schrattenecker (2005), S. 41
[49] vgl. Schlichthorst (2006), S. 10
[50] vgl. Bongard (2002), S. 88
[51] vgl. Ellinghaus (2000), S. 12

4. Werbewirkungsmodelle und -theorien

Ein wesentlicher Teil der Werbewirkungsforschung ist die Analyse von Wirkungsgesetzmäßigkeiten. Um die Frage zu beantworten, wie Werbung wirkt und welche Reaktionen sie beim Rezipienten auslöst, wurde im Laufe der Forschung eine Vielzahl von Modellvorstellungen entwickelt. Die Mehrzahl dieser Modelle geht von hierarchisch strukturierten Wirkungsketten aus, die in einer wechselseitigen Beziehung zueinander stehen und einen bestimmten zeitlichen Ablauf vorweisen. Von dieser Annahme aus entwickelten sich eine Reihe weiterer Wirkungsmodelle.[52] Im folgenden Abschnitt sollen einige Modelle kurz erläutert sowie kritisch beurteilt werden.

---

[52] vgl. Spanier (2000), S. 32

4.1 Stimulus-Response-Modelle

Die aus dem Behaviorismus[53] stammenden Stimulus-Response-Modelle (S-R-Modelle), die Lasswell 1927 in die Kommunikationswissenschaft einführte,[54] dominierten über lange Zeit in der Konsumentenpsychologie. Die Grundidee dieses Modells war, dass das Konsumverhalten eines Menschen von bestimmten Reizen abhängt.[55] Es wird unterstellt, dass die Werbung (Stimuli der Sender) die Rezipienten[56] in gleicher Weise erreicht und dabei unmittelbar Wirkungen auslöst.[57] Die einfache Struktur dieser Modelle macht sie leicht verständlich und operationalisierbar.[58] Jedoch vereinfachen sie zu stark und sind somit als Erklärungsmodell für die Werbewirkung nur eingeschränkt sinnvoll. Bei den Stimulus-Response-Modellen werden die Bedingungen vernachlässigt, unter denen die Werbung auf den Rezipienten wirkt. Es wird davon ausgegangen, dass gleiche Stimuli, egal wen sie treffen, auch die gleiche Wirkung erzeugen und dass die Reizstärke die Intensität der Wirkung beim Rezipienten beeinflusst. Was sich zwischen dem Stimulus und der Reaktion des Rezipienten abspielt, wird nicht berücksichtigt und als so genannte „Black Box" gesehen.[59] Das S-R-Modell reicht also nicht aus, um die komplexen Vorgänge der Werbewirkung zu erklären, vor allem, da der Mensch als passiv und von außen gesteuert gesehen wird.[60] Dem Stimulus und der Reaktion wird eine dritte Variable hinzugefügt – der Organismus.

4.2 Stufenmodelle

Beim erweiterten Stimulus-Organismus-Response-Modell (S-O-R) führen beim Rezipienten theoretische Konstrukte wie Motive, Einstellungen oder Lernen zu Reaktionen.[61] Diese Reaktionen werden nicht wie beim S-R-Modell direkt durch die Werbung ausgelöst, sondern gelten als „*indirekte Folge von Reaktionen im Vorfeld der Kaufhandlung*".[62] S-O-R-Modelle werden deshalb auch als Hierarchiemodelle bezeichnet, da sich

---

[53] amerikanische sozialpsychologische Forschungsrichtung, die durch das Studium des Verhaltens von Lebewesen deren seelische Merkmale zu erfassen sucht
[54] vgl. Bongard (2002), S. 168
[55] vgl. Felser (2001), S. 14
[56] aufnahmebereiter Empfänger einer Kommunikationsbotschaft
[57] vgl. Bruhn / Homburg (2004), S. 213
[58] vgl. Kloss (2003), S. 85
[59] vgl. Felser (2001), S. 14
[60] vgl. Kloss (2003), S. 83 / Hörnemann (2006), S. 45
[61] vgl. Kloss (2003), S.
[62] Zit. n. Kloss (2003), S. 83

die Werbewirkung in einer Aufeinanderfolge von Stufen entwickelt.[63] Eines der klassischen Hierarchiemodelle ist das von Lewis bereits 1898 entwickelte AIDA-Modell.[64] Die vier Buchstaben stehen für:

Attention (Aufmerksamkeit),

Interest (Interesse),

Desire (Bedürfnis) und

Action (Kauf).[65]

Dabei wird unterstellt, dass der Werbewirkungsprozess in vier Stufen abläuft. Zunächst muss die Aufmerksamkeit des Rezipienten gewonnen werden. Unter Aufmerksamkeit versteht man „*das Maß, in dem sich ein Konsument auf einen Reiz, der sich innerhalb seines Aufmerksamkeitsradius befindet, konzentriert*".[66] Sie ist die Voraussetzung für ein Produktinteresse seitens des Rezipienten und dies wiederum für ein Kaufbedürfnis, das idealerweise letztendlich zur Kaufhandlung führt. Das klassische AIDA-Modell gilt heute aufgrund der Annahmen, dass die Reihenfolge der einzelnen Stufen zwingend notwendig ist und der Konsument eine eher passive Rolle einnimmt, weitestgehend als veraltet.[67] Nach Trommsdorff darf sich nicht auf eine derartige Stufenabfolge der Werbewirkung verlassen werden, da einige Stufen bei einer bestimmten Werbung nicht oder nicht in der Reihenfolge vorkommen.[68]

In der akademischen Werbewirkungsforschung ist generell eine zunehmende Abkehr von den Stufenmodellen zu beobachten, da es aufgrund der gestiegenen Werbeflut unrealistisch erscheint, dass der Rezipient der Werbebotschaft seine volle und bewusste Aufmerksamkeit schenkt. Vielmehr wird Werbung häufig ohne große kognitive Anstrengung verarbeitet und zunehmend weniger beachtet, eine Wirkung bleibt jedoch nicht aus.[69]

---

[63] vgl. Kloss (2003), S. 83
[64] vgl. Bruhn / Homburg (2004), S. 231
[65] vgl. Bruhn / Homburg (2004), S. 231
[66] Zit. n. Solomon / Bamossy / Askegaard (2001), S. 75
[67] vgl. Sevenone Media GmbH (2002), S. 11
[68] vgl. Trommsdorff (2004), S. 53
[69] vgl. Spanier (2000), S. 33 und Scheier / Held (2006), S. 57

In der kommerziellen Forschung hingegen stützt man sich noch auf die Hierarchiemodelle, da sie den Eindruck vermitteln, dass mit jeder weiteren durch Werbemaßnahmen erreichten Stufe die Kaufwahrscheinlichkeit der Rezipienten steigt.[70]

4.3 Involvement-Modelle

Nach Kroeber-Riel und Weinberg richtet sich die Werbewirkung vielmehr nach den Wirkungsdeterminanten (Bestimmgrößen der Werbewirkung): Involvement des Konsumenten, Gestaltung der Werbung sowie Anzahl der Werbewiederholungen.[71] In ihrem „Modell der Wirkungspfade" kombinieren sie den Grad des Involvements des Konsumenten mit der Art der Werbung. Sie unterscheiden dabei zwischen informativer und emotionaler Werbung sowie zwischen hohem und geringem Involvement. Daraus ergeben sich vier unterschiedliche Wirkungsmuster, in denen entweder emotionale oder kognitive Prozesse wichtiger für die Bildung der Einstellung und Kaufabsicht sind. Da in der Werbepraxis häufig gemischte Werbung aus Information und Emotion vorherrscht, kann man je nach Grad des Involvements die Wirkungsmuster miteinander kombinieren.[72] Außerdem muss unter den aktuellen Markt- und Kommunikationsbedingungen verstärkt mit gering involvierten Konsumenten gerechnet werden, die *„aufgrund von situativen Umständen, wie z.B. Zeitdruck nicht bereit sind, sich intensiv mit der Werbung auseinander zu setzen"*.[73]

---

[70] vgl. Schweiger / Schrattenecker (2005), S. 51
[71] vgl. Kroeber-Riel / Weinberg (2003), S. 612 ff.
[72] vgl. Kroeber-Riel / Esch (2004), S. 168
[73] Zit. n. Kroeber-Riel / Esch (2004), S. 168

Abb. 3: Grundmodell der Wirkungspfade:

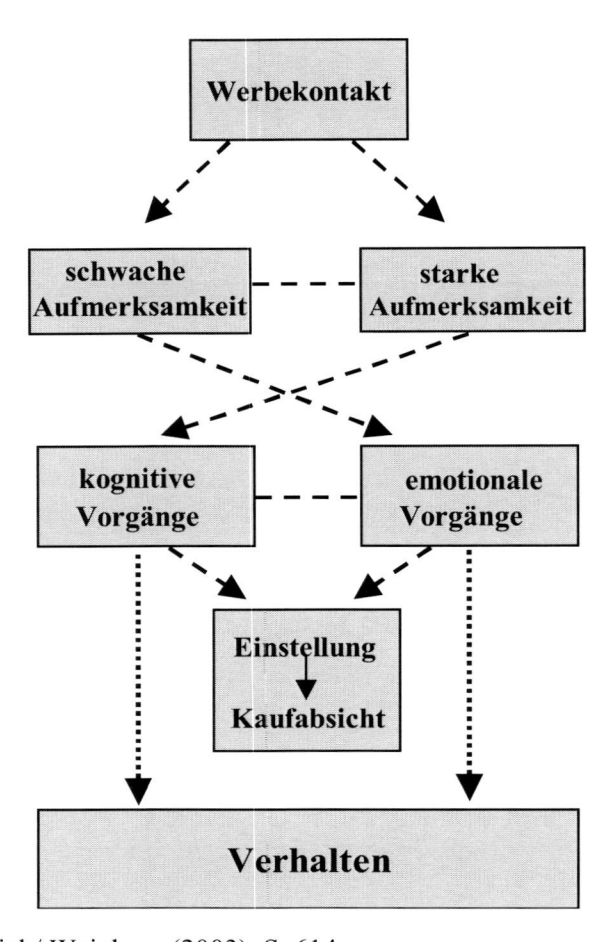

```
                    ┌─────────────────┐
                    │  Werbekontakt   │
                    └─────────────────┘
                      ↙             ↘
        ┌──────────────────┐   ┌──────────────────┐
        │     schwache     │---│      starke      │
        │  Aufmerksamkeit  │   │  Aufmerksamkeit  │
        └──────────────────┘   └──────────────────┘
                    ↓    ╳    ↓
        ┌──────────────────┐   ┌──────────────────┐
        │    kognitive     │---│    emotionale    │
        │     Vorgänge     │   │     Vorgänge     │
        └──────────────────┘   └──────────────────┘
             │     ↘           ↙     │
             │      ┌──────────────┐ │
             │      │  Einstellung │ │
             │      │      ↓       │ │
             │      │  Kaufabsicht │ │
             │      └──────────────┘ │
             ↓             ↓         ↓
        ┌─────────────────────────────────┐
        │          Verhalten              │
        └─────────────────────────────────┘
```

Quelle: Kroeber-Riel / Weinberg (2003), S. 614

Mit dem Thema Involvement haben sich auch Petty und Cacioppo beschäftigt und im Jahre 1981 das Elaboration Likelihood Modell entwickelt, das zuerst als sozialpsychologisches Konzept vorgestellt und zwei Jahre später auf die Werbewirkungsforschung übertragen wurde.[74] Dabei unterscheiden sie zwischen zwei unterschiedlichen Wegen der Informationsverarbeitung, die sich je nach Grad des Involvements unterschiedlich gestalten.[75] Bei hoch involvierten Konsumenten findet die Informationsverarbeitung auf der so genannten „zentralen Route" statt. Hält der Konsument die dargebotene Informa-

---

[74] vgl. Bongard (2002), S. 326
[75] vgl. Steffenhagen (2000), S. 62

tion für relevant, wird er ihr Aufmerksamkeit schenken und kognitive Reaktionen zeigen, die wiederum zu einer relativ stabilen Einstellungsänderung führen und das Verhalten lenken werden.[76] Petty und Cacioppo sprechen dabei von „Elaborationen", die als gedankliche Aktivitäten verstanden werden können, welche insbesondere durch Einbeziehung von vorhandenem Wissen eine Informationsverarbeitung bewirken.[77] Bei niedrig involvierten Konsumenten erfolgt die Informationsverarbeitung auf der „peripheren Route". Hier werden affektive Assoziationen wirksam, die eine Informationsverarbeitung auch mit geringem Aufwand ermöglichen. Dazu orientieren sich die Konsumenten z.B. an der Glaubwürdigkeit der Informationsquelle oder an der Gestaltung des Informationsmittels.[78] Es wird davon ausgegangen, dass die Konsumenten hier prinzipiell leichter zu beeinflussen sind, da sie sich kaum mit den Botschaftsinhalten beschäftigen und deshalb weniger Gegenargumente entwickeln.[79]

Die Involvement-Modelle gehen nicht von einem festen Wirkungsverlauf aus, sondern setzen die Werbewirkung in Relation zur Persönlichkeit des Rezipienten sowie zur Verständlichkeit und Interessantheit der dargebotenen Information.[80] Sie machen deutlich, dass keine generellen Aussagen darüber gemacht werden können, wie sich ein Rezipient in einer bestimmten Situation verhalten wird und dass die Werbewirkung generell nicht davon abhängt, ob der Rezipient hoch involviert ist und sich aktiv mit der dargebotenen Information beschäftigt. Auch bei passivem Werbekonsum erfolgt eine Werbewirkung. Da man sich heute der Werbung praktisch nicht mehr entziehen kann, kann man sich folglich auch ihrer Wirkung nicht entziehen.[81]
Involvement-Modelle können jedoch genauso wenig wie die Stufenmodelle Indikatoren für die Vorhersagbarkeit des Verhaltens der Rezipienten liefern und aufgrund ihrer Komplexität sind sie nicht empirisch überprüfbar. Dessen ungeachtet haben sie zu einer Weiterentwicklung der klassischen Hierarchie-Modelle geführt und gerade im Bereich des Involvements große Erkenntnisfortschritte erbracht, die dazu genutzt werden, überschaubare Teilmodelle zu entwickeln und einzelne Aspekte von Werbewirkungsmodellen näher zu untersuchen.[82].

---

[76] vgl. Solomon / Bamossy / Askegaard (2001), S. 207
[77] vgl. Kroeber-Riel / Weinberg (2003), S. 346
[78] vgl. Bongard (2002), S. 328
[79] vgl. Spanier (2000), S. 36
[80] vgl. Spanier (2000), S. 37
[81] vgl. Kloss (2003), S. 98
[82] vgl. Kloss (2003), S. 98 / Schlichthorst (2006), S. 17

4.4 Sinus-Milieu-Modell

Das Sozialforschungsinstitut Sinus Sociovision hat Anfang der 80er Jahre die deutsche Bevölkerung in so genannte Sinus Milieus eingeteilt. Diese Milieus[83] gruppieren Menschen nach ähnlicher Lebensauffassung und Lebensweise. Die Einteilung basiert auf

- demografischen Merkmalen, wie Alter, Geschlecht oder Einkommenshöhe, auf
- psychografischen Merkmalen, wie Einstellungen oder Rollenverhalten und auf
- Verhaltensmerkmalen, wie Wohnort, Freizeitinteressen oder Kleidungsstil.[84]

Daraus resultieren acht verschiedene soziale Milieus, die in der „Kartoffelgrafik" veranschaulicht werden (siehe Abbildung 4).

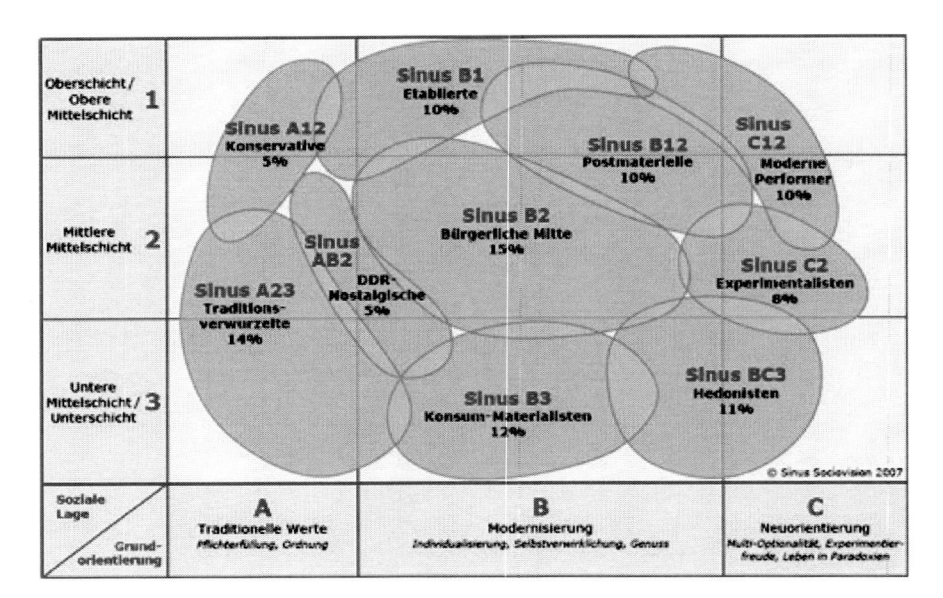

Abb. 4: Sinus-Milieu-Modell:

Quelle: Sinus Siciovision (2007)

Je höher eine Gruppe in der Darstellung positioniert ist, desto höher ist die Berufsgruppe, das Einkommen und die Bildung. Je weiter rechts, umso moderner ist die Lebenseinstellung.[85] Somit wird zwischen

- Traditionsverwurzelten

---

[83] Gesamtheit der natürlichen und sozialen Lebensumstände eines Individuums oder einer Gruppe
[84] vgl. Skript Frau Cappellen
[85] vgl. Zoom – Magazin für moderne Geodaten-Anwendungen (2003), S. 8

- Konservativen
- DDR-Nostalgischen
- Etablierten
- Konsum-Materialisten
- Postmateriellen
- Bürgerlichen (Bürgerliche Mitte)
- Hedonisten
- Experimentalisten
- und modernen Performern

unterschieden.

Dabei wird unterstellt, dass Personen mit gleichem Lebensstil gleiche Bedürfnisse und somit ein gleiches Konsumentenverhalten aufweisen.[86] Mithilfe des Sinus-Milieu-Modells soll so beispielsweise festgestellt werden, welche Medien, Marken oder Einkaufstätten in den Milieus bevorzugt werden.[87] Damit sollen Aussagen über die Reaktion auf Werbemaßnahmen der Konsumenten in den Milieus getroffen werden können.[88]

Das Sinus-Milieu-Modell ist ein Ansatz, die Konsumenten in Zielgruppen einzuteilen. Jedoch erscheint es schwierig, Menschen pauschal einem Milieu zuzuordnen. Es werden zwar eventuelle Überschneidungen berücksichtigt, jedoch nur zwischen den angrenzenden Mileus. Für den Erfolg von Unternehmen wird es zukünftig immer wichtiger werden, die Zielgruppen zu identifizieren, um die Werbung nach deren Bedürfnissen ausrichten zu können. Die Identifikation der Zielgruppen wird immer differenzierter und auch der Unterschied zwischen Männern und Frauen muss in der Werbewirkungsforschung berücksichtigt werden, denn sie denken und fühlen meist sehr unterschiedlich.[89]

Die Einteilung in die acht Milieus erscheint jedoch sinnvoller, um Kaufgewohnheiten der Zielgruppen zu unterscheiden, als konkrete Aussagen für die Werbewirkung treffen zu können. Kaufentscheidungen werden, wie bereits beschrieben, von zahlreichen Faktoren beeinflusst, nicht nur durch die Werbung. Wie auch bei den vorherigen

---

[86] vgl. Bruns (1998), S. 26
[87] vgl. Sinus Siciovision (2007)
[88] vgl. Zoom – Magazin für moderne Geodaten-Anwendungen (2003), S. 8
[89] vgl. Häusel (2004), S. 111

Werbewirkungsmodellen besteht das generelle Problem, dass Modelle vereinfachte Abbildungen der Realität sind und somit nur Annäherungen liefern können.[90]

Auch nach über 100 Jahren Werbewirkungsforschung ist es bisher nicht gelungen, eine einheitliche Wirkungstheorie oder ein einheitliches Modell aufzustellen,[91] da aufgrund der zahlreichen Einflussfaktoren nicht von einem einheitlichen Wirkungsprozess der Werbung ausgegangen werden kann. Generell ist jeder Konsument ein Individuum und reagiert in unterschiedlicher Art und Weise auf Einflüsse.

Abstrakt betrachtet lassen sich Gemeinsamkeiten der Werbewirkungsmodelle finden und in einem „Grundmodell der Werbewirkung" darstellen.

Abb. 5: Grundmodell der Werbewirkung:

```
┌──────────────┐      ┌─────────────────────────┐      ┌──────────────┐
│              │      │  Kommunikations-        │      │              │
│              │      │  Psychologische Kriterien│      │              │
│   Werbung    │ ──▶  │          =              │      │              │
│  (Stimulus)  │      │     Werbewirkung        │      │              │
│              │      │  ┌───────────────────┐  │      │  Ökonomische │
│              │      │  │ Kognitive Ebene   │  │      │   Zielgrößen │
└──────────────┘      │  │ -Aufmerksamkeit   │  │ ──▶  │              │
                      │  │ Informationsaufn. │  │      │      =       │
                      │  │ und -speicherung  │  │      │              │
                      │  └───────────────────┘  │      │  Werbeerfolg │
                      │                         │      │              │
                      │  ┌───────────────────┐  │      │              │
                      │  │  affektive Ebene  │  │      │              │
                      │  │  - Einstellungen  │  │      │              │
┌──────────────┐      │  └───────────────────┘  │      │              │
│  Situative   │      │                         │      │              │
│   Faktoren   │ ──▶  │  ┌───────────────────┐  │      │              │
│              │      │  │  konative Ebene   │  │      │              │
│    (z.B.     │      │  │   - Kaufabsicht   │  │      │              │
│ Involvement) │      │  └───────────────────┘  │      │              │
└──────────────┘      └─────────────────────────┘      └──────────────┘
```

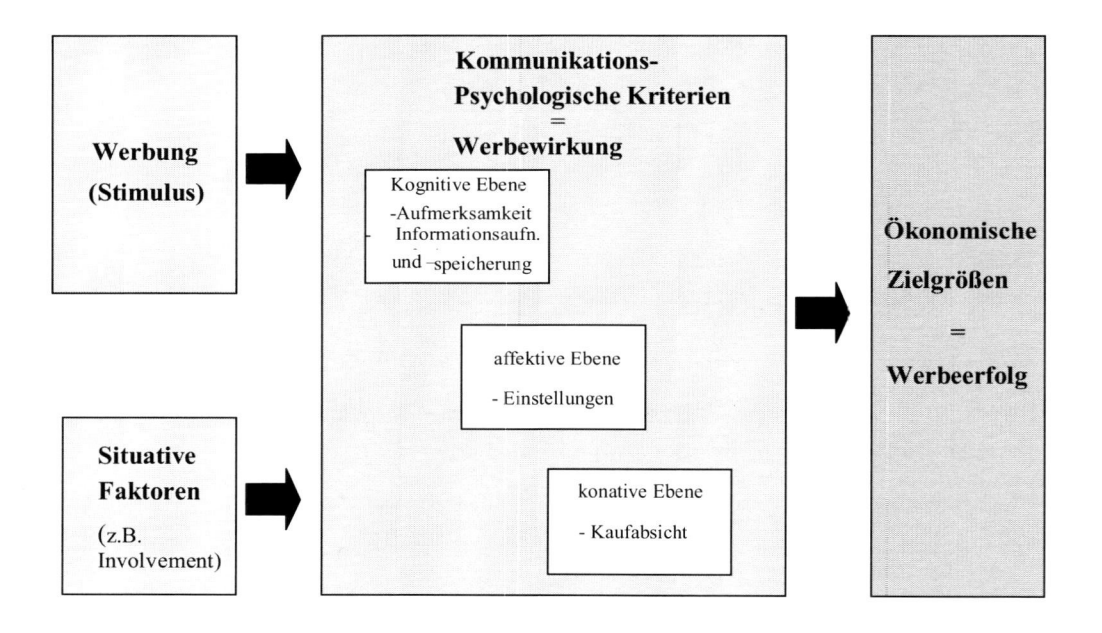

Quelle: In Anlehnung an Wiltinger / Wiltinger (2006) in WISU (2006), S. 917

Die kommunikationspsychologischen Kriterien befinden sich auf der kognitiven Ebene, die sich auf das Wissen des Konsumenten und dessen Prozesse bezieht, auf der affekti-

---

[90] vgl. Ellinghaus (2000), S. 22
[91] vgl. Schlichthorst (2006), S. 2

ven Ebene, die die emotionale Seite umfasst sowie auf der konativen Ebene, die das Verhalten bzw. die Verhaltensabsicht des Konsumenten beschreibt. Die kommunikationspsychologischen Kriterien können als Vorstufe des Endziels Werbeerfolg gesehen werden.[92]

---

[92] vgl. Wiltinger / Wiltinger (2006) in WISU (2006), S. 917

5. Werbewirkungskriterien

Werbewirkung ist ein abstraktes Konstrukt, das nicht direkt beobachtbar ist. Deshalb sind Kriterien nötig, die die Wirkung von Werbung möglichst genau beschreiben. Werbewirkungskriterien können, ebenso wie die Werbewirkung (im weiteren Sinn), in psychologische und ökonomische Kriterien unterteilt werden. Je nach Werbeziel wird ein anderes Kriterium herangezogen, um die Wirkung von Werbung nachzuweisen.[93]
Da der Schwerpunkt dieser Studie auf den psychologischen Wirkungen liegt, sollen im folgenden Teil die wichtigsten Kriterien erläutert werden.

5.1 Wahrnehmung und Aufmerksamkeit

Nahezu jedes Werbewirkungsmodell geht von der Annahme aus, dass Werbung nur wirken kann, wenn sie vom Konsumenten wahrgenommen wird. Dies erfolgt über die menschlichen Sinnesorgane als bewusster oder unbewusster Prozess. Dabei werden nicht nur die Reize an sich wahrgenommen, sondern auch das Umfeld eines Reizes.[94]
Untersuchungen über die Informationsaufnahme von Werbebotschaften haben sich zunächst vorrangig mit den Voraussetzungen für Wahrnehmung, wie aufmerksamkeitsauslösende bzw. –hemmende Stimuli befasst, wie z.B. Kontrast, Länge der Werbebotschaft, Bekanntheit oder Verständlichkeit.[95] Zentral beeinflusst wird die Informationsaufnahme durch die Aufmerksamkeit des Konsumenten, die ihn sensibler gegenüber bestimmten Reizen macht.[96] Untersuchungen von Werbespots haben gezeigt, dass einige Stimuli aufmerksamkeitsfördernder wirken als andere.[97] Durch die Blickaufzeichnung beim Betrachten einer Werbeanzeige hat man beispielsweise herausgefunden, dass 90% der Betrachter zuerst das Bild in der Anzeige betrachtet haben und dann erst den Text.[98]
Gerade aufgrund des herrschenden Informationsoverflows und dem meist geringen Involvement betrachten Konsumenten in den Medien bevorzugt Bilder, denn sie ermöglichen eine besonders schnelle und gedanklich einfache Informationsverarbeitung und haben einen größeren Erlebnis- und Unterhaltungswert. Nach dem Bild in einer

---

[93] vgl. Sevenone Media GmbH (2002), S. 9
[94] vgl. Kloss (2003), S. 60
[95] vgl. Schenk / Donnerstag / Höflich (1990), S.
[96] vgl. Kroeber-Riel / Weinberg (2003), S. 61
[97] vgl. Spanier (2000), S. 38
[98] vgl. Solomon / Bamossy / Askegaard (2001), S. 108

Anzeige werden in der Regel die Schlagzeile, dann das Markenlogo und schließlich der eigentliche Anzeigentext (Copytext) gesehen.

Um ein Bild von mittlerer Komplexität so aufzunehmen, dass es auch später wieder erkannt wird, braucht ein Mensch im Durchschnitt 1,5 bis 2,5 Sekunden. In der gleichen Zeit können ungefähr 10 Wörter aufgenommen werden, die aber im Allgemeinen weniger Informationen liefern als ein Bild.[99] Daher ist die Textmenge in Werbeanzeigen in den letzten Jahren stark gesunken und der Bildanteil gestiegen.[100]

5.1.1 Selektive Wahrnehmung

Durch die Selektion der Wahrnehmung wird verhindert, dass das Gehirn bei der Informationsverarbeitung überlastet wird. Das menschliche Gehirn besitzt dazu Nervenzellen, die an der Auswahl von Informationen mitwirken. So werden diese Zellen nur dann aktiviert, wenn die Information für die Person von Bedeutung ist, anderenfalls findet keine Aktivierung und somit keine Informationsweiterleitung statt.[101]

Wahrgenommene Informationen können beim Konsumenten Unbehagen auslösen, wenn sie nicht mit bestehenden Einstellungen oder Wissen übereinstimmen.[102] Dann entstehen so genannte kognitive Dissonanzen, also Ungleichgewichte, die der Konsument mit der Suche nach Argumenten für eine Rechtfertigung der Entscheidung beseitigen will. So sucht ein Konsument, der einen negativen Testbericht über sein gerade neu erworbenes Auto gelesen hat, gezielt nach Informationen, die sein Auto positiv bewerten und somit seine Kaufentscheidung richtig war. Aus diesem Grund werden auch bevorzugt solche Informationen aufgenommen, die die Kaufentscheidung unterstützen und jene gemieden, die eine Kaufentscheidung in Frage stellen.[103]

5.1.2 Effekte der Werbewiederholung

Der Effekt von Werbewiederholungen hat für die Werbewirkung eine zentrale Bedeutung und ist ein häufig diskutiertes Thema.[104] Für Kroeber-Riel und Esch gelten sie als

---

[99] vgl. Kroeber-Riel / Esch (2004), S. 19
[100] vgl. Dierks / Hallemann (2005), S. 65
[101] vgl. Dierks / Hallemann (2005), S. 70
[102] vgl. Altenbach (2006), S. 73
[103] vgl. Kloss (2003), S. 60 ff.
[104] vgl. Bongard (2002), S. 334

eine wichtige Bestimmgröße der Werbewirkung.[105] Selbst eingeschworene Verfechter der Werbewirksamkeit glauben nicht, dass sich Einstellungen oder Verhaltensweisen von Konsumenten bereits nach der Rezeption einer einzigen Werbemaßnahme messbar verändern.[106] Zunächst muss den Konsumenten eine bestimmte Anzahl von Werbewiederholungen erreichen, um in seinem Gedächtnis eine dauerhafte Spur zu hinterlassen.[107] Werbeinformationen müssen erst wahrgenommen, verarbeitet und schließlich für die Bewertung genutzt werden. Werbewirkung tritt also mit einem gewissen Verzögerungseffekt ein, der auch als „wear-in-Effekt" bezeichnet wird. Dieser Effekt tritt bei neuer, bisher unbekannter Werbung auf und wurde in früheren Studien auch als „Mere-Exposure-Effekt" bezeichnet. Er besagt, dass durch wiederholte Werbekontakte Präferenzen für Personen oder Gegenstände entstehen können. Dies kann auch bei unbewusster Wahrnehmung geschehen. Der Effekt einer vermehrten Anzahl von Wiederholungen äußert sich in vielfältiger Weise. Je öfter eine Botschaft wiederholt wird, desto glaubwürdiger erscheint sie in der Regel dem Konsumenten, was wiederum die Einstellung positiv beeinflusst. Außerdem steigt mit wiederholter Darbietung der Werbebotschaft die Erinnerung an die Werbung und die Marke, was wiederum die Wahrscheinlichkeit erhöht, dass die Marke im „Relevant-Set"[108] des Konsumenten landet, womit gleichzeitig die Kaufwahrscheinlichkeit steigt.[109] Wird ein bestimmter Punkt von Wiederholungen überschritten, kann es zu Abnutzungseffekten führen, die Reaktanz[110] und negative Einstellungen aufbauen können, was auch als „wear-out-Effekt" bezeichnet wird.[111]

---

[105] vgl. Kroeber-Riel / Esch (2004), S. 164 ff.
[106] vgl. Bongard (2002), S. 99
[107] vgl. Steffenhagen (2000), S. 145
[108] Relevanter Satz an Marken, die ein Konsument bevorzugt kauft
[109] vgl. Schlichthorst (2006), S. 25 ff. / Kloss (2003), S. 65
[110] Ablehnung / Abneigung
[111] vgl. Kloss (2003), S. 96

Abb. 6: Wear-out-Effekt bei Werbewiederholungen:

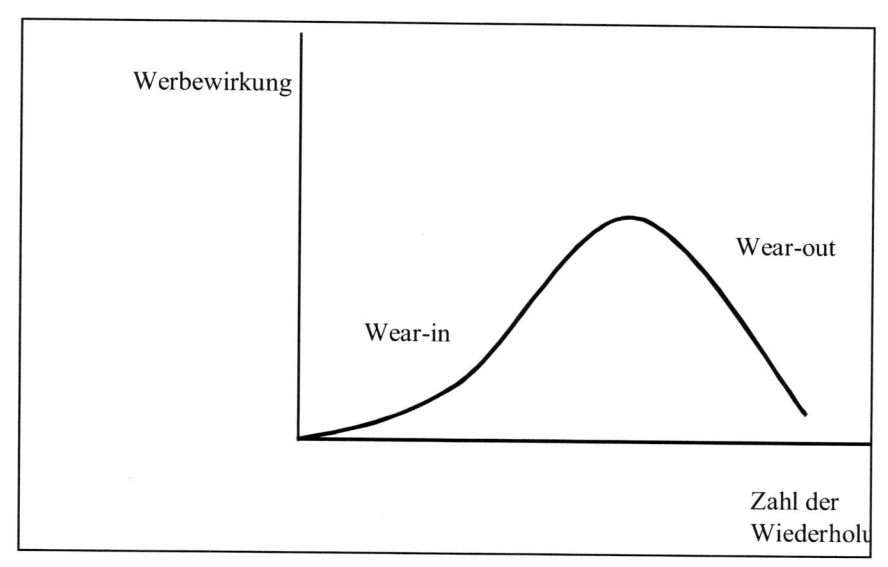

```
Werbewirkung

              Wear-in         Wear-out

                                      Zahl der
                                      Wiederhol
```

Quelle: Kloss (2003), S. 96

Unterstellt man einen Wirkungsverlauf der Werbung in Abhängigkeit von der Anzahl der Wiederholungen, ergibt sich zunächst eine steigende Kurve, wenn der Rezipient auf die Werbebotschaft aufmerksam geworden ist. Im Idealfall sollte sich diese Kurve nach Erreichen des Wendepunktes auf einem hohen Niveau stabilisieren. Im Fall von sehr hohen Wiederholungsfrequenzen ist jedoch ab einem bestimmten Punkt ein Rückgang der Werbewirkung zu verzeichnen.[112] Der Zeitpunkt des Eintretens von wear-in- und wear-out-Effekten hängt jedoch davon ab, ob die Werbung eher emotional oder informativ gestaltet ist, ob sie sich im Laufe der Zeit verändert und ob die Zielperson an der Werbung interessiert ist. Eine allgemein gültige Antwort auf die Frage nach der optimalen Anzahl von Werbewiederholungen gibt es also nicht.[113]

5.2 Informationsverarbeitung und –speicherung

Die Informationsverarbeitung umfasst insbesondere kognitive Prozesse. Dazu zählt das Identifizieren von Werbeelementen auf ihre Bekanntheit, das Assoziieren mit schon vorhandenem Wissen, das Interpretieren der Werbebestandteile und schließlich deren

---

[112] vgl. Spanier (2000), S. 51
[113] vgl. Schlichthorst (2006), S. 30

Bewertung.[114] Auch die Speicherung der Informationen ist von Bedeutung. Werbung kann nach Kloss nur wirken, wenn sie ins Gedächtnis der Zielperson eingegangen ist. Dass eine Wirkung auch entsteht, wenn Werbung nicht erinnert wird, wird in Kapitel 8 noch gezeigt.

Um in das Gedächtnis des Konsumenten zu gelangen, müssen die Informationen im Gehirn codiert werden, also so verarbeitet werden, dass sie wieder abgerufen werden können. Dies kann bildlich und/oder sprachlich geschehen. Der Lernerfolg ist von verschiedenen Faktoren abhängig. Zum einen spielt die Anzahl der zu lernenden Informationen eine Rolle und zum anderen das persönliche Interesse einer Person an der Information und seine Erfahrungen mit der beworbenen Marke. Je höher das Involvement der Person und je höher das persönliche Interesse an der Information ist, desto schneller tritt der Lernerfolg ein. Das menschliche Gehirn kann jedoch nur eine begrenzte Anzahl von Informationen auf einmal verarbeiten. Falls diese Grenze überschritten wird, kommt es zu einem Informationsoverflow, wodurch deutlich weniger Informationen verarbeitet werden können und der Lernaufwand überproportional steigt. Entgegen dem Erinnern einer Information steht das Vergessen. Mit zunehmender zeitlicher Distanz zwischen Lern- und Prüfphase sinkt die Qualität der Erinnerungsleistung. Generell wird ein gelernter Inhalt anfänglich sehr schnell, später aber langsamer vergessen.[115] Für die Werbung hängt das Lernen und Vergessen in hohem Maße von der Art der beworbenen Produkte, der Gestaltung der Werbemittel, der Werbeträger und der Zielgruppe ab.[116]

5.3 Werbekenntnis und Markenbekanntheit

Werbung hat bis zu einem gewissen Grad gewirkt, wenn sie der Zielperson bekannt ist, also von ihr über einen längeren Zeitraum erinnert wird. Dabei wird zwischen aktiver und passiver Werbekenntnis unterschieden. Aktives Werbewissen wird als Werbeawareness bezeichnet und ist die bei einer Person gedankliche Verknüpfung zwischen Werbemittel und beworbenem Objekt. Aktive Werbekenntnisse fallen einer Person als spontane Reproduktion von vorhandenen Assoziationen ein, z.B. während eines Marktforschungsinterviews. Passive Werbekenntnisse sind Erinnerungen an Werbung,

---
[114] vgl. Steffenhagen (2000), S. 55 ff.
[115] vgl. Kloss (2003), S. 67 ff.
[116] vgl. Mayer / Illmann (2000), S. 466 ff.

mit denen die Person das zu Erinnernde wiedererkennt. Dies können eingesetzte Werbemittel und ihre Elemente, wie z.B. der Slogan, Werbeaussagen oder auftretende Personen sein.

Werbekenntnisse einer Person sind eine Folge ihrer Aufmerksamkeit während der Kontaktsituation, ihrer Kontakthäufigkeit mit der Werbung sowie ihrer Gestaltung.[117]
Die klassischen Hierarchiemodelle lassen vermuten, dass es eine positive Korrelation zwischen der Werbeerinnerung und dem Kaufverhalten gibt. Neuere Ansätze, wie z.B. von Steffenhagen, gehen von einer Wechselbeziehung aus. So kann sowohl das Kaufverhalten das Ausmaß der Werbeerinnerung bzw. -kenntnis bestimmen als auch die Werbekenntnis das Kaufverhalten. Doch wie schon im letzten Abschnitt erwähnt, wirkt Werbung auch, wenn sie nicht bewusst erinnert wird. Nähere Erkenntnisse hat das Neuromarketing erbracht.

Die Kenntnis einer Marke wird üblicherweise als Markenbekanntheit bezeichnet.[118] Jene ist ein wichtiges Kriterium bei der Produktwahl, denn die meisten Konsumenten machen bei der Produktwahl Gebrauch von ihrem Markenbewusstsein.[119] Bekanntheit allgemein sorgt beim Konsumenten für Vertrauen. Bei bekannten Marken ist die Wahrscheinlichkeit größer, dass der Konsument ohne Nachdenken zugreift. Eine positive Einstellung zur entsprechenden Marke ist dabei jedoch die Voraussetzung.[120]

Werbung wirkt auf Konsumenten, die die beworbene Marke kennen und auch nutzen anders als auf jene, denen sie unbekannt ist. Es wurde festgestellt, dass Nutzer einer Marke die Werbung für diese bewusster wahrgenommen haben als Nutzer anderer Marken bzw. Nichtkenner der Marke. Außerdem ist bei Nutzern die Wahrscheinlichkeit größer, dass sie eine positive Einstellung zur Werbung entwickeln.[121] Es ist aber zu beachten, dass die Markenbekanntheit nicht nur durch die Werbung entstehen kann, sondern ebenso erst nach dem Kauf einer Marke.[122]

---

[117] vgl. Steffenhagen (2000), S. 74 ff.
[118] vgl. Ellinghaus (2000), S. 33
[119] vgl. Felser (2001), S. 89
[120] vgl. Häusel (2004), S. 83
[121] vgl. Wintrich / Kilzer (2002), S. 2
[122] vgl. Ellinghaus (2000), S. 41

5.4 Emotionen und Stimmungen

Als Emotionen können *"innere Erregungszustände, die angenehm oder unangenehm empfunden und mehr oder weniger bewusst erlebt werden"*[123], verstanden werden. Sie gelten als die *"grundlegenden menschlichen Antriebskräfte"* und werden im Wesentlichen von äußeren Reizen ausgelöst.[124] Emotionen wirken bei jeder Entscheidung mit, auch Wahrnehmung erfolgt nie emotionsfrei. Im richtigen Maß begünstigen Emotionen die Aufnahme und Speicherung von Informationen und die Bildung von Images (assoziative Prozesse). Ist die emotionale Erregung zu stark, kann sie die Aufmerksamkeitsleistung so sehr beeinflussen, dass wichtige Inhalte einer Werbebotschaft nicht mehr behalten werden. Eine zu geringe emotionale Aktivierung kann jedoch zu Unaufmerksamkeit und fehlerhafter Erinnerung führen.[125]

Stimmungen bezeichnen einen allgemeinen, länger anhaltenden Gefühlszustand, der sich nicht auf bestimmte Sachverhalte oder Objekte bezieht.[126] Stimmungen und Emotionen können die Wahrnehmung und Einstellung von Personen zu Produkten oder Werbepräsentationen beeinflussen und die Produktauswahl in verschiedene Richtungen lenken.[127]

In der Regel sind gut gelaunte Menschen leichter zu überzeugen als schlecht gelaunte, jedoch verarbeiten Menschen in schlechter Stimmung mehr Informationen und diese zudem gründlicher.[128] Bei einem Experiment mit männlichen und weiblichen Teilnehmern wurde untersucht, inwieweit sich Männer und Frauen bei der Beurteilung fröhlicher und trauriger Werbespots in Abhängigkeit von ihrer eigenen Stimmung unterscheiden. Dabei wurde festgestellt, dass Männer bei guter Stimmung einen traurigen und einen positiven Werbespot gleich beurteilen, jedoch bei negativer Stimmung den positiven Werbespot eindeutig besser. Frauen hingegen verhalten sich genau umgekehrt, sie beurteilen bei negativer Stimmung beide Werbespots gleich, jedoch bei positiver Stimmung den fröhlichen eindeutig besser. Als Gründe werden vermutet, dass Männer eher bestrebt sind, traurige Stimmungen mit ablenkenden Stimuli zu regulieren, wäh-

---

[123] Zit. n. Kroeber-Riel / Weinberg (2003), S. 53
[124] vgl. Kroeber-Riel / Weinberg (2003), S. 54/141
[125] vgl. Spanier (2000), S. 42
[126] vgl. Spanier (2000), S. 43
[127] vgl. Kloss (2003), S. 56 / Gleich (2003), S. 330
[128] vgl. Spanier (2000), S. 43

rend Frauen ein höheres kognitives Involvement haben, das eher bei trauriger Stimmung zum Ausdruck kommt.[129]

5.5 Motivation

Motivation kann mit „*Emotionen, die mit einer Zielorientierung [...] in Bezug auf das Verhalten verbunden sind*"[130] beschrieben werden. Emotionen sind bereits mit kognitiven Vorgängen, wie z.B. inneren Bildern verknüpft, jedoch fehlt ihnen eine Ausrichtung auf konkrete Handlungsziele, also eine Zielorientierung. Ist diese Zielorientierung vorhanden, spricht man von Motivation. Der Motivationsprozess baut also auf vorhandenen Emotionen auf und vereinigt affektive und kognitive Prozesse.[131] Die Wahrnehmung (bewusst oder unbewusst) und Verarbeitung von Reizen sind Voraussetzungen für viele Kaufentscheidungen. Damit es auch zur tatsächlichen Kaufhandlung kommt, muss ein Kaufmotiv beim Konsumenten vorhanden sein.

Unter Motiv versteht man keinen aktuellen Prozess, sondern vielmehr ein überdauerndes, latentes Verlangen etwas zu tun, auch wenn dieses Verlangen zu einem aktuellen Zeitpunkt nicht verhaltenswirksam ist.[132] Motive sind dem Konsumenten in der Regel nicht bewusst, können aber durch Nachdenken oder Abfragen bewusst gemacht werden.[133] Nach Meffert kann man Motive auch als Bedürfnisse bezeichnen.[134] Eine der wohl bekanntesten Motivtheorien ist die Bedürfnishierarchie von Maslow, bei der menschliche Bedürfnisse nach ihrer Dringlichkeit angeordnet sind. Dabei geht Maslow davon aus, dass der Mensch immer das dringlichste Bedürfnis zuerst befriedigen will und erst dann das nächst dringliche.

Unternehmen versuchen ihre Werbung so zu gestalten, dass sie die bestehenden Motive der Zielgruppe anspricht, denn Konsumenten beurteilen Produkte danach, inwieweit sie bestimmte Bedürfnisse befriedigen können. Scheier und Held sehen Motive sogar als die hauptsächlichen Auslöser von Kaufverhalten an. Nach Ansicht der beiden Autoren entsteht Verhalten, wenn mindestens ein Motiv im Ungleichgewicht ist. Die Werbung führt also nur zum gewünschten Erfolg, wenn sie das gerade aktivierte Motiv des

---

[129] vgl. Martin (2003) in Gleich (2003), S. 330
[130] Zit. n. Kroeber-Riel / Weinberg (2003), S. 53
[131] vgl. Spanier (2000), S. 44
[132] vgl. Kroeber-Riel / Weinberg (2003), S. 56 ff.
[133] vgl. Trommsdorff (2004), S. 114
[134] vgl. Meffert (2003), S.

Konsumenten anspricht.[135] Dabei ist jedoch zu berücksichtigen, dass Motive persönlichkeitsbezogen sind, d.h. Personen, die die gleiche Kaufentscheidung tätigen, können dafür unterschiedliche Motive haben, die ihnen zum Teil nicht bewusst sind. Häufig wirken auch bei einer Kaufentscheidung mehrere Motive mit.[136] Für eine erfolgreiche Marketingstrategie ist es deshalb notwendig, die Motive genau zu kennen, die mit dem Kauf eines Produktes verbunden sind, sowie die Motive zur Nutzung bestimmter Medien und die dahinter liegenden Bedürfnisse zu erforschen.[137]

5.6 Einstellungen und Präferenzen

Eine Einstellung ist nach Kroeber-Riel und Weinberg eine *„Motivation, die mit einer kognitiven Gegenstandsbeurteilung verknüpft ist"*.[138] Man spricht auch von einer Haltung gegenüber dem Objekt der Einstellung. In der Werbewirkungsforschung spielen die Konstrukte „Einstellung zur Werbung" und „Einstellung zur Marke" sowohl in der Theorie als auch in der Praxis eine bedeutende Rolle. In der Theorie gelten sie als besonders verhaltensprägend und durch die Werbung beeinflussbar.[139] In der Praxis sind Einstellungsänderungen der Zielgruppe eine wichtige Zielgröße in der Kommunikationsforschung. So untersucht der deutsche Automobilkonzern BMW in seinen Marktforschungsstudien vornehmlich die Wahrnehmung seiner Werbebotschaften durch die Konsumenten und die damit verbundenen angestrebten Einstellungsänderungen.[140]

Dies rührt daher, dass die Grundeinstellung gegenüber Werbung entweder positiv oder negativ ausgerichtet ist. Die Richtung der Einstellung kann die Rezeption der Werbung, die Beurteilung der beworbenen Produkte bzw. Marken sowie die Kaufabsichten beeinflussen.[141] Auf eine positive Einstellung zu einem Objekt folgt auch meist die Bereitschaft einer positiven Handlung, z.B. der Kauf des Gegenstandes.[142] Je positiver dabei die Werbung allgemein beurteilt wird, desto besser fällt auch die Beurteilung der beworbenen Produkte aus.[143] Außerdem übt die generelle Einstellung gegenüber der Werbung neben der Aufmerksamkeit und dem Involvement der Rezipienten einen

---

[135] vgl. Scheier / Held (2006), S. 104 ff.
[136] vgl. Kloss (2003), S. 73 ff.
[137] vgl. Spanier (2000), S. 45
[138] Zit. n. Kroeber-Riel / Weinberg (2003), S. 54
[139] vgl. Schlichthorst (2006), S. 15
[140] vgl. Interview Herr Breyer (BMW AG) am 26.04.2007
[141] vgl. Spanier (2000), S. 45
[142] vgl. Kroeber-Riel / Weinberg (2003), S. 54 ff.

deutlichen Einfluss auf die Wahrnehmung, die Informationssuche und die Informationsverarbeitung einer Werbebotschaft aus.[144]

Als Präferenz wird „*die Bevorzugung eines Produktes gegenüber einem anderen Produkt*"[145] bzw. die Bevorzugung einer Marke gegenüber einer anderen bezeichnet. Präferenzen können aus Einstellungen entstehen, sie sind jedoch im Zeitablauf weniger stabil als Einstellungen. Des Weiteren liegen sie näher am tatsächlichen Kaufverhalten als Einstellungen, da sie als generelle Kaufneigung zu werten sind. Bei geringem Involvement der Konsumenten sowie fehlender Produktdifferenzierungen bzw. Markendifferenzierungen, wie es bei gesättigten Märkten oft der Fall ist, bestehen jedoch kaum oder keine bewussten Präferenzen beim Konsumenten.[146]

5.7 Kaufabsicht

Die Kaufabsicht kann als letzter Schritt vor dem finalen Konsumentenverhalten, nämlich dem Kauf des beworbenen Produktes, gesehen werden. Durch die Werbung entstehen Kaufabsichten dann, wenn sich die Zielperson vornimmt, zu einem bestimmten Zeitpunkt das beworbene Produkt zu kaufen. In der Fachliteratur ist jedoch meist damit gemeint, dass es nicht zwingend zum Kauf kommen muss, sondern eine Wahrscheinlichkeit für einen Kauf besteht.[147] Kaufabsichten umfassen in der Regel neben der Einstellung zum Produkt die vorhergehenden Einflüsse der Kaufsituation. Dabei wird zwischen zwei Gruppen von situativen Einflussgrößen entschieden: einerseits individuelle und soziale Normen der Konsumenten und andererseits die unmittelbare Gegebenheit der Kaufsituation, z.B. die Verfügbarkeit eines Produktes oder die Gestaltung des Kaufortes.[148]

---

[143] vgl. Homer (1990) in Spanier (2000), S. 45
[144] vgl. Spanier (2000), S. 46 / Schlichthorst (2006), S 12
[145] Zit. n. Ellinghaus (2000), S. 62
[146] Vgl. Ellinghaus (2000), S. 63
[147] vgl. Steffenhagen (2000), S. 120
[148] vgl. Wiltinger / Wiltinger (2006), S. 921

6. Erhebungsmethoden zur Messung der Werbewirkung

Ob die im letzten Kapitel genannten Werbeerfolgskriterien nach dem Werbekontakt eingetreten sind, wird anhand von verschiedenen Erhebungsmethoden gemessen. Die Messung der Werbewirkung ein wichtiger Bestandteil der Werbewirkungsforschung und die Methoden und Messverfahren sind so vielseitig wie ihre Modelle und Theorien.[149] In den folgenden zwei Kapiteln sollen die gängigsten Methoden und Verfahren zur Messung der psychologischen Werbewirkungen vorgestellt und die jeweiligen Vor- und Nachteile erläutert werden.

6.1 Grundlagen

Grundlegend für alle Erhebungsmethoden sind die Zuverlässigkeit und die Glaubwürdigkeit der erhobenen Daten. Um allgemein gültige Aussagen über eine Grundgesamtheit treffen zu können, wird auf das Konzept der repräsentativen Stichprobe zurückgegriffen, da in der Regel eine Vollerhebung nicht möglich ist. Eine Stichprobe ist dann repräsentativ, wenn sie ein wirklichkeitsgetreues Abbild der Grundgesamtheit darstellt.[150] Um die Zuverlässigkeit und die Qualität der erhobenen Daten zu gewährleisten, muss ein Messvorgang bestimmten Gütekriterien standhalten. Die wichtigsten sind Objektivität, Reliabilität und Validität. Unter Objektivität versteht man, dass die Messergebnisse unabhängig vom Untersuchungsdurchführenden sein müssen. Die Reliabilität ist ein Gütemaß für die formale Genauigkeit eines Messvorgangs. Bei wiederholter Messung eines Messvorgangs müssen die gleichen Ergebnisse erzielt werden. Die Validität eines Messvorgangs ist dann gegeben, wenn genau jenes gemessen wird, was auch gemessen werden soll.[151]

---

[149] vgl. Sevenone Media GmbH (2002), S. 14
[150] vgl. Sevenone Media GmbH (2002), S. 15
[151] vgl. Skript Herr Prof. Tölle (2006), S. 37 ff.

6.2 Befragung

Eine Befragung ist eine Erhebungsmethode, bei der die befragte Person durch verbale oder andere Stimuli zu Aussagen über einen Erhebungsgegenstand veranlasst werden soll.[152] Die Befragung ist das in der empirischen Sozialforschung am häufigsten angewandte Messverfahren, jedoch nicht immer das am besten geeignete, da sie häufig von der Erinnerungsleistung des Befragten abhängig ist.[153] In der Werbewirkungsforschung spielen Befragungen jedoch zweifellos eine signifikante Rolle, da sie aufgrund ihrer Wirtschaftlichkeit für viele Fragen sinnvoll anwendbar sind.[154] Befragungen können in Form von persönlichen Befragungen (Interview), schriftlichen Befragungen (Fragebogenerhebung), telefonischen Befragungen, Online-Befragungen, interaktiven Befragungen via TV oder als Panelerhebungen erfolgen. Diese sollen im Folgenden kurz dargestellt werden.

6.2.1 Persönliche Befragung

Die persönlich-mündliche Befragung in Form des Interviews galt lange Zeit als das wichtigste Instrument in der empirischen Sozialforschung.[155] In der Werbewirkungsforschung sind Interviews eine häufige Umfragemethode, vor allem in Verbindung mit schriftlichen Befragungen.[156] In erster Linie dienen sie der Ermittlung neuer Informationen und der Messung von Reaktionen auf bestimmte Situationen oder Stimuli.[157] Während eines Interviews entsteht zwischen dem Interviewer und dem Befragten eine soziale Beziehung, die im Idealfall dazu führt, dass der Befragte offen und motiviert auf die ihm gestellten Fragen antwortet, was einen großen Vorteil dieser Methode darstellt.[158] Im Laufe der Zeit haben sich jedoch einige Schwierigkeiten bei der persönlichen Befragung ergeben, die dazu führten, dass andere Befragungsmethoden mehr an Bedeutung gewonnen haben. Probleme sind z.B. die zunehmende Teilnahmeverweigerung von potenziellen Befragten oder die Beeinflussung des Interviewers auf das Antwortverhalten des Befragten. Dies kann jedoch mittels computergeführter Interviews

---

[152] vgl. Böhler (2004), S. 85
[153] vgl. Kroeber-Riel / Weinberg (2003), S. 32 ff.
[154] vgl. Sevenone Media GmbH (2002), S. 22
[155] vgl. Spanier (2000), S. 78
[156] vgl. Sevenone Media GmbH (2002), S. 19
[157] vgl. Scheuch (1973), S. 66 in Spanier (2000), S. 78
[158] vgl. Spanier (2000), S. 78

verbessert werden, bei denen der Befragte ohne Einsatz eines Interviewers die Befragung mit einem Computer durchführt.[159]

Eine Sonderform der persönlichen Befragung ist die Gruppendiskussion, die häufig zur Bewertung eines Untersuchungsgegenstandes vor der eigentlichen Analysesituation dient. Die Qualität der Ergebnisse hängt dabei stark von dem Gruppenleiter ab, der die Diskussion lenkt und mögliche Schwachpunkte, wie Abschweifung vom Thema, Wortführer usw. verhindern soll.[160]

6.2.2 Schriftliche Befragung

Für viele Abfragen von Werbewirkungsindikatoren ist ein schriftlicher Fragebogen ausreichend.[161] Vorteil der schriftlichen Befragung ist, dass sie in der Regel kostengünstiger durchzuführen ist als eine mündliche Befragung und dass sie einen höchstmöglichen Grad an Standardisierung erlaubt. Zudem können große Stichproben bearbeitet werden. Bei schriftlichen Befragungen können Interviewereffekte vermieden werden. Das bedeutet, dass der Befragte in seinen Antworten nicht durch den Interviewer beeinflusst werden kann. Bestimmte Berufsgruppen sind durch einen Fragebogen per Post besser zu erreichen. Die dabei gewährleistete Anonymität ist ein weiterer Vorteil, der auch sensible Fragen ermöglicht. Allerdings lässt sich nicht überprüfen, wer letztendlich den Fragebogen ausgefüllt hat und inwieweit die Antworten der Realität entsprechen. Ein weiterer Nachteil sind die geringen Rücklaufquoten von ca. 10-30% und der große Zeitaufwand, der mit einer eventuellen Nachfassaktion verbunden ist. Aufgrund der fehlenden Interaktion zwischen dem Interviewer und dem Befragten sind keine explorativen Fragestellungen[162] sowie Rückfragen an den Befragten möglich.[163]

6.2.3 Telefonische Befragung

Die telefonische Befragung hat sich vor allem seit der Einführung der computergestützten Variante (CATI = Computer Assisted Telephone Interview) als häufig angewandte Befragungsmethode in der Werbewirkungsforschung bewährt. Aufgrund der schnellen und kostengünstigen Durchführbarkeit sowie der hohen Flexibilität kommen telefoni-

---

[159] vgl. Spanier (2000), S. 79
[160] vgl. Spanier (2000), S. 79
[161] vgl. Sevenone Media GmbH (2002), S. 17
[162] Form der offenen Befragung; Fragen, die inhaltlich aufeinander aufbauen
[163] vgl. Skript Herr Prof. Tölle (2006), S. 19

sche Befragungen vor allem bei Trackingstudien zum Einsatz.[164] Nachteile bei dieser Art von Befragung sind der hohe Anteil an Falschaussagen, da das Interview weitestgehend anonym ist, und die damit eingeschränkte Repräsentativität der Ergebnisse.[165]

6.2.4 Online-Befragung

Mit der steigenden Verbreitung und Weiterentwicklung des Internets in Hinblick auf Zugangsvoraussetzungen, Datenmengen und Übertragungsgeschwindigkeiten werden zunehmend Online-Befragungen für die Werbewirkungsforschung genutzt.[166] Sie bieten im Vergleich zu anderen Befragungsmethoden den Vorteil, dass mit einem relativ geringen Aufwand sehr zeitnah Daten generiert werden können. Außerdem positiv sind die niedrigen Kosten, die hohe Flexibilität und die Möglichkeit der Stellung sensibler Fragen. Nachteile sind hingegen, dass Ausfüllfehler auftreten können, dass es keine flächendeckende Abdeckung gibt und dass die Zielgruppe meist jüngere Menschen sind, da viele Ältere nicht über einen Internetzugang verfügen.[167] Dadurch ist die Repräsentativität für die Gesamtbevölkerung problematisch.

6.2.5 Interaktive Befragung

Eine neue und innovative Form der Befragung ist die interaktive Befragung, die von zu Hause aus über den Fernsehbildschirm gesteuert wird. Dabei werden über eine Verbindung von Fernsehen und Internet die Fragen direkt über den Bildschirm gezeigt, die der Teilnehmer dann in seiner gewohnten Umgebung und zu weitgehend selbst gewählten Zeiten anhand von Bildern und Videoeinspielungen beantworten kann. Die Ergebnisse stehen dann via Internetverbindung direkt dem Marktforschungsinstitut für die Auswertung zur Verfügung. Vorteil dabei ist die schnelle und auch kostengünstige Datenerhebung im Gegensatz zu persönlichen Interviews sowie die natürliche Umgebungssituation während der Erhebung und die Verhinderung von Interviewereinflüssen. Das Verfahren wird seit 2002 in mehr als 1.500 Haushalten verwendet und die Zahl steigt.[168]

---

[164] vgl. Sevenone Media GmbH (2002), S. 20
[165] vgl. Skript Herr Prof. Tölle (2006), S. 19
[166] vgl. Sevenone Media GmbH (2002), S. 17
[167] vgl. Sevenone Media GmbH (2002), S. 17
[168] vgl. Sevenone Media GmbH (2002), S. 18

6.2.6 Panelerhebungen

Ein Panel ist *„eine über einen längeren Zeitraum gleich bleibende Teilauswahl von Erhebungseinheiten, die in regelmäßigen Abständen zum gleichen Untersuchungsgegenstand befragt bzw. beobachtet wird."*[169] Damit sollen Rückschlüsse auf das Verhalten einer Grundgesamtheit getroffen werden. Die Übertragbarkeit von Panelergebnissen auf eine Grundgesamtheit kann jedoch durch verschiedene Faktoren beeinträchtigt werden. Dazu zählt eine niedrige Marktabdeckung, da Panelergebnisse nicht alle Haushalte repräsentieren können, das jeweilige Auswahlverfahren der repräsentativen Stichprobe, da eine Auswahl nach dem reinen Zufallsprinzip meist aufgrund von Verweigerungen entfällt, sowie die so genannte Panelsterblichkeit, unter der man den Ausfall von Panelteilnehmern versteht. Verzerrt werden Panelergebnisse auch durch Paneleffekte, wenn sich Panelteilnehmer aus den verschiedensten Gründen anders verhalten als unter realistischen Bedingungen. Dies ist besonders bei Verbraucherpanels zu beobachten.[170] Verbraucherpanels oder Haushaltspanels stellen eine Möglichkeit zur Beobachtung des Kaufverhaltens dar. Die Teilnehmer eines Verbraucherpanels haben die Aufgabe, regelmäßig Informationen über ihre Kaufgewohnheiten zu liefern.[171] Dies erfolgt entweder anhand einer schriftlichen Befragung oder durch einen Homescanner. Dabei werden Daten wie Datum, Einkaufsstätte, einkaufende Person, Marke, Produktart, Packungsgröße, Anzahl oder Preis erfasst.[172] Diese Daten sollen Aussagen über das Kaufverhalten in Abhängigkeit von soziodemografischen Daten liefern. Bei einem Single-Source-Panel wird das Einkaufsverhalten in Verbindung mit der Mediennutzung, z.B. der Fernsehnutzung, untersucht. Damit soll der Einfluss von Werbekontakten auf das Einkaufsverhalten nachgewiesen werden.[173]

6.3 Beobachtung

Unter Beobachtung versteht man *„die von Personen oder technischen Hilfsmitteln vollzogene systematische Erfassung von sinnlich wahrnehmbaren Sachverhalten zum Zeitpunkt ihres Geschehens"*.[174] Sie ist ebenfalls eine häufig eingesetzte Erhebungsme-

---

[169] Zit. n. Böhler (2004), S. 69
[170] vgl. Böhler (2004), S. 73 ff.
[171] vgl. Solomon / Bamossy / Askegaard (2001), S. 48
[172] vgl. Böhler (2004), S. 70 ff.
[173] vgl. Sevenone Media GmbH (2002), S. 24
[174] Zit. n. Becker (1973), S. 6 in Meffert (2000), S. 154

thode in der Werbewirkungsforschung und wird vor allem zur Analyse des Kaufverhaltens, des Verwendungsverhaltens, des Informationsverhaltens sowie des TV- und Online-Verhaltens eingesetzt. Dabei werden meist technische Hilfsmittel, wie Videokameras oder Messgeräte, zur Dokumentation eingesetzt. Der Vorteil von Beobachtungen liegt darin, dass sie nur gering in die Lebenswelt der Beobachteten eingreifen und somit die natürlichen Umgebungssituationen nicht stören. Allerdings können Beobachtungsfehler auftreten, die dann zu falschen Rückschlüssen auf Einstellungen, Motive etc. führen können.[175]

6.4 Inhaltsanalyse

Die Inhaltsanalyse ist eine empirische Methode zur Beschreibung von inhaltlichen und formalen Medienmitteilungen. Mit ihrer Hilfe können beispielsweise Aussagen über Wirkungseffekte unterschiedlicher Gestaltungsmerkmale von Werbespots getroffen oder die Frage nach der Einsatzhäufigkeit bestimmter formaler und inhaltlicher Spotelemente beantwortet werden. Sie gehört zwar nicht zu den häufig eingesetzten Methoden in der Werbewirkungsforschung, dennoch eignet sie sich, ähnlich wie Befragungen oder Beobachtungen, als Teil einer Mehrmethodenuntersuchung, bei der mehrere Erhebungsmethoden miteinander kombiniert angewandt werden.[176]

6.5 Experiment

Meffert sieht ein Experiment als *„eine wiederholbare, unter kontrollierten, vorher festgelegten Umweltbedingungen durchgeführte Versuchsanordnung [...], die es mit Hilfe der Messung der Wirkung eines oder mehrerer unabhängiger Faktoren auf die jeweilige abhängige Variable gestattet, aufgestellte Hypothesen empirisch zu prüfen."*[177] Zu Beginn der Werbewirkungsforschung beruhten fast alle Erkenntnisse auf Daten, die durch Experimente erhoben wurden.[178] Es stellt somit ein wichtiges Instrument der Grundlagenforschung dar. Bei dieser Erhebungsmethode wird grob zwischen dem Feld- und Laborexperiment unterschieden, wobei das Feldexperiment unter realistischen Bedingungen und in einer natürlichen Umfeldsituation durchgeführt wird und somit die

---

[175] vgl. Sevenone Media GmbH (2002), S. 23 ff.
[176] vgl. Sevenone Media GmbH (2002), S. 26
[177] Zit. n. Meffert (2000), S. 158
[178] vgl. Sevenone Media GmbH (2002), S. 15

Realitätsnähe eher gegeben ist als bei einem Laborexperiment. Jedoch sind auch die Kontrollmöglichkeiten bezüglich alternativer Einflussmöglichkeiten schlechter.[179] Das Laborexperiment ist die einzige Untersuchungsmethode, mit der es möglich ist, klar abgegrenzte Teilfragen zu analysieren, denn es schafft eine Umgebungssituation, in der alle externen Störvariablen aufgrund der strengen Überwachung weitestgehend ausgeschlossen werden können. Dadurch ist es auch möglich, spezifische Detailfragen zu klären.[180] Der Nachteil besteht in der Künstlichkeit der Testsituation, wodurch die Gefahr besteht, dass sich die Testpersonen bewusst oder unbewusst auf die Situation einstellen und danach handeln.[181] Positiv zu sehen sind die Kostengünstigkeit und der relativ geringe Zeitaufwand.

---

[179] vgl. Skript Herr Prof. Tölle (2006), S. 19
[180] vgl. Spanier (2000), S. 78
[181] vgl. Atteslander (1975), S. 175 in Spanier (2000), S. 78

7. Messung von Werbewirkung

Die dargestellten Erhebungsmethoden werden nun in unterschiedlichen Messverfahren angewandt. Diese erforschen jeweils verschiedene Werbeerfolgskriterien, können aber keinen Gesamtzusammenhang darstellen.[182] Es wird dabei zwischen impliziten Messverfahren, die emotionale und unbewusste Vorgänge zu messen versuchen, sowie nonverbalen Verfahren, die sich überwiegend physiologischen Methoden bedienen, unterschieden.

7.1 Implizite Messverfahren

Die meisten Untersuchungsmethoden konzentrieren sich auf kognitive Aspekte der Informationsverarbeitung, bei denen emotionale und unbewusst ablaufende Werbewirkungsvorgänge nur mangelhaft abgebildet werden können.[183] Hier können implizite Messverfahren von Werbewirkungen neue Erkenntnisse bringen und Gründe für Kaufentscheidungen, sowie unbewusste Speichervorgänge beim Empfänger einer Werbebotschaft aufdecken.

Dazu wird sich Wortergänzungstests oder Wortassoziationstests bedient. Mithilfe von freien Assoziationen, die unmittelbar nach der Darbietung der Werbung geäußert werden, kann die spontane und emotionale Reaktion des Konsumenten auf die Werbung erfasst werden. Bei einem Assoziationsgeflecht geben die Konsumenten zusätzlich die Reihenfolge der ihnen in den Sinn kommenden Begriffe sowie ihre Wertigkeit an. Dadurch kann auch die Einstellung der Konsumenten zur dargebotenen Werbung ersichtlich werden.[184]

7.2 Nonverbale Messverfahren

Durch nonverbale Messverfahren kann die Intensität der Informationsaufnahme ermittelt werden. So wird durch physiologische Messungen die Wahrnehmungsleistung eines Stimulus während der Darbietung anhand apparativer Messtechniken erhoben, wie z.B. die Messung mit Hilfe eines Tachistoskops[185], mit Augenkameras (Blickaufzeich-

---

[182] vgl. Schönbach (2002), S. 7
[183] vgl. Richardson-Klavehn / Bjork (1988), S. 475 ff. in Spanier (2000), S. 80
[184] vgl. Spanier (2000), S. 80-81
[185] Gerät zur Vorführung optischer Reize in Zusammenhang mit Aufmerksamkeitstests

nung) oder die Messung von Herz- oder Gehirntätigkeit mit einem EEG (Elektroenzephalogramm). Mit diesen Vorgehensweisen ist eine Beurteilung der Aufmerksamkeitsleistung unabhängig von den subjektiven Empfindungen der Rezipienten möglich. Dabei kann jedoch nicht ermittelt werden, ob die Reaktion in eine positive oder negative Richtung tendiert. Verhaltensbeobachtungen liefern hier weitere Hinweise, jedoch sind sie nur bei konkret messbaren Reaktionen, wie Mimik und Gestik und physischen Reaktionen, wie Pupillenerweiterungen oder psychogalvanische Hautreaktionen, geeignet.

Um die Emotionalität einer Werbung zu messen, können auch in Befragungen Bilderskalen eingesetzt werden, um nicht nur das verbale Wissen über einen Gegenstand, sondern auch das visuelle abzufragen. Dadurch werden schwer verbalisierbare und nicht unmittelbar bewusste Empfindungen sichtbar.[186]

Eine relativ neue Methode zur Messung der visuellen Aufmerksamkeit bei Werbeanzeigen ist das Attention-Tracking-Verfahren. Mithilfe dieses Verfahrens können die Schwerpunkte und Verschiebungen der visuellen Aufmerksamkeit des Betrachters in den ersten Sekunden des Kontakts gemessen werden. Dazu soll der Proband am Computerbildschirm etwa eine Minute spontan diejenigen Bereiche einer Werbeanzeige mit der Computermaus anklicken, die ihm ins Auge stechen. Dieses Verhalten ist analog der Situation des Zeigens mit dem Finger durch den Probanden. Es ist nachgewiesen, dass dadurch viele Aspekte der Aufmerksamkeit erfasst werden können. Die Aufmerksamkeit wählt eine Region der Anzeige, der die Augen und der Zeigefinger bzw. in diesem Fall die Computermaus folgen.[187] Da der Blick etwa zwei Mal pro Sekunde eine Bildregion fixiert, sollte der Proband im Attention-Tracking-Verfahren in dieser Zeit den Mauszeiger verschieben und entsprechend auf die ihm auffälligen Bildregionen klicken. Dadurch wird das Klicken spontan und verläuft synchron mit den Fixationen des Auges.[188] Vorteile dieses Verfahrens im Gegensatz zur klassischen Eye-Tracking-Blickmessung sind vor allem die breite Datenbasis, die erhoben wird sowie die Kostengünstigkeit. Außerdem die Einfachheit der Durchführung, die es auch ermöglicht, das Verfahren im Rahmen einer Online-Studie durchzuführen.

---

[186] vgl. Spanier (2000), S. 82
[187] Vgl. Dierks / Hallemann (2005), S. 72 ff.
[188] vgl. Scheier / Koschel (2002), S. 12 ff.

Oft wird das Attention-Tracking-Verfahren mit einer nachfolgenden Befragung zur Erinnerungsleistung der Probanden kombiniert.[189]

7.3 Pretest und Posttest

Ein Pretest soll vor der tatsächlichen Schaltung eines Werbemittels (z.B. Anzeige, TV-Spot) messen, welche von mehreren Gestaltungsvarianten die beste Wirkung erzielt, in Bezug auf die Verständlichkeit, die Anmutung und den möglichen Handlungs- und Kaufanreiz.[190] Dazu werden die durch die werbliche Kommunikation beim Rezipienten ausgelösten psychischen Prozesse, wie Aktivierung, Wahrnehmung oder Erinnerung mittels nonverbaler oder verbaler Erhebungstechniken untersucht.[191] Im Gegensatz zum Pretest überprüft ein Posttest die Werbewirkung nach der Schaltung des Werbemittels und dient sowohl der Kontrolle der Werbewirkung als auch des Werbeerfolgs.[192]

Der Wert eines Pretests für die Werbewirkungsforschung ist eher ambivalent zu betrachten. Zwar kann er zu einer optimierten Gestaltung eines Werbemittels beitragen, meist werden jedoch schwerpunktmäßig kreative Komponenten der Werbung analysiert.[193] Die Werbewirkungsforschung hat sich bisher kaum mit der Entwicklung einer Theorie zur Wirkung von Kreativität befasst, und die Frage bleibt, ob Kreativität überhaupt gemessen werden kann.[194]

Somit kann nicht eindeutig gesagt werden, ob durch die Durchführung eines Pretests eine größere Werbewirkung erzielt werden kann, da auch das Werbeumfeld oft nur ungenügend berücksichtigt wird und so Angaben zur Werbewirkung unter realistischen Feldbedingungen fehlen.

7.4 Copytest

Copytests dienen der Ermittlung der Werbeerinnerung. Dabei wird primär zwischen drei Verfahren unterschieden: Die freie, ungestützte Erinnerung („free recall"), die gestützte Erinnerung („aided recall") und das Wiedererkennen („recognition"). Bei der ungestützten Erinnerung werden die Probanden ohne Vorlage des entsprechenden Werbemittels

---

[189] vgl. Dierks / Hallemann (2005), S. 72 ff.
[190] vgl. Spanier (2000), S. 83
[191] vgl. Meffert (2000), S. 832
[192] vgl. Skript Herr Prof. Tölle (2005/2006), S. 101
[193] vgl. Spanier (2000), S. 84
[194] vgl. Dierks / Hallemann (2005), S. 11

oder Nennung des Werbetreibenden nach der Erinnerung an Werbung für einen bestimmten Produkt- oder Geschäftsbereich gefragt. danach sollen sie wiedergeben, um welches Produkt oder welche Branche es sich handelte. Dadurch kann festgestellt werden, welche Werbung so viel Aufmerksamkeit erzeugt hat, dass sie dem Befragten sehr präsent im Gedächtnis geblieben ist. Bei der gestützten Erinnerung hingegen werden dem Probanden verschiedene Werbemittel zur genauen Betrachtung vorgelegt und erst nach ihrer Wegnahme wird die Erinnerung erfragt.[195] Die Methode zur Erhebung der ungestützten und der gestützten Werbeerinnerung wird auch Recallverfahren genannt, welches von George Gallup erfunden wurde. Er argumentierte, dass die reine Wiedererkennung eines Werbemittels, wie sie beim Recognitionsverfahren gemessen wird, nicht unbedingt ein aussagekräftiges Kriterium für die Werbewirkung darstellt, da nur gemessen wird, ob ein Werbekontakt stattgefunden hat. Der Rezipient kann einen Spot oder eine Werbeanzeige auch wiedererkennen, ohne sich an die beworbene Marke zu erinnern.[196] Beim Recallverfahren wird unterstellt, dass sich der Rezipient inhaltlich mit der Werbebotschaft auseinander gesetzt hat.[197]

Sowohl bei gestützten Recalltests als auch bei Recognitionstests besteht die Gefahr, dass die befragten Personen Werbemittel angeben, an die sie sich aber eigentlich nicht erinnern können oder die nie erschienen sind. Recognitionmessungen werden stärker vom Interesse des Befragten beeinflusst, Recallmessungen unterliegen häufiger Zufallsfehlern (Stichprobenfehler).[198] Obwohl beide Methoden in der Praxis häufig eingesetzt werden, stellt sich, wie bei allen Methoden zur Ermittlung der Erinnerungsleistung, die Frage nach der Aussagekraft für die Werbewirkung aufgrund der oben erwähnten Probleme. Es gibt jedoch auch weiterführende Tests, die neben der Erinnerungsleistung auch Fragen zur Bewertung der Werbung, z.B. zur Verständlichkeit oder Glaubwürdigkeit der Werbebotschaft, stellen. Ein besonders wichtiger Faktor ist dabei die Imagebildung, d.h. ob durch die Werbung die Sympathie und Kaufbereitschaft für das beworbene Produkt erhöht werden konnten.[199]

---

[195] vgl. Spanier (2000), S. 86 ff.
[196] vgl. Bongard (2002), S. 12
[197] vgl. Kloss (2003), S. 105
[198] vgl. Spanier (2000), S. 86 ff.
[199] vgl. Spanier (2000), S. 87

7.5 Tracking-Studien

Tracking-Studien oder auch „Werbemonitore" genannt, werden überwiegend im Markenartikelbereich angewandt und untersuchen in regelmäßigen Abständen bei wechselnden Personengruppen einer Zielgruppe die Werbeerinnerung einer Marke und setzen sie ins Verhältnis zu den aufgewendeten Werbeausgaben. Im Einzelnen wird erhoben, ob die Befragten sich generell an Werbung für eine bestimmte Produktkategorie erinnern können, und wenn ja, an welche beworbenen Marken und in welchen Medien. Den Veränderungen bei den Werberecalls werden dann die Werbeaufwendungen gegenübergestellt. Gerade aus unregelmäßigen Verläufen im Gegensatz zu den erwarteten Daten ergeben sich dann grundsätzliche Ergebnisse über den Erfolg einer Werbekampagne.[200]

Genau wie bei den Copytests wird an den Tracking-Studien kritisiert, dass die Werbeerinnerung nicht unbedingt aussagekräftig für die Wirkung der Werbung ist. Man geht zwar davon aus, dass sich ein Konsument inhaltlich mit der Werbebotschaft auseinander gesetzt hat[201], wenn er sich an die Werbung erinnert, jedoch führt die Erinnerung nicht zwangsläufig zum Kauf des beworbenen Produktes und nicht unbedingt zu einer positiven Einstellungsänderung gegenüber der Marke. Bei unbewusster Wahrnehmung kann Wirkung auch dann entstehen, wenn sich der Konsument nicht an die Werbung erinnern kann, wie Erkenntnisse des Neuromarketings zeigen.[202] Die Werbeerinnerung ist also kein zwangsläufiges Kriterium für den Erfolg einer Werbung.

7.6 Probleme der Messung von Werbewirkung

Bis heute gibt es keine hinreichend zuverlässige Methode, um die Wirkung von Werbung zu prognostizieren. Weder lassen sich zu erwartende Imageveränderungen vorhersagen noch kaufauslösende Impulse einer Werbekampagne. Im Wesentlichen resultieren die Schwierigkeiten bei der Messung von Werbewirkung aus zwei Faktorenkomplexen:

1. Aus den Wirkungsinterdependenzen der Beeinflussungsfaktoren von Kaufentscheidungen und ökonomischen Werbezielen und

2. aus den spezifischen sowie grundsätzlichen Messproblemen.[203]

---

[200] vgl. Spanier (2000), S. 87
[201] vgl. Kloss (2003), S. 105
[202] vgl. Scheier / Held (2006), S. 58
[203] vgl. Kloss (2003), S. 100 ff.

7.6.1 Wirkungsinterdependenzen

Der Kaufentscheidungsprozess und auch der Werbewirkungsprozess werden durch eine Vielzahl unterschiedlicher Variablen beeinflusst, wie z.B. die Einstellung und das Wissen des Konsumenten, den Inhalt und die Form der Werbeaussage, das situative Umfeld oder unterschiedliche Kommunikationsinstrumente, die einem Unternehmen neben der Werbung noch zur Verfügung stehen. Dadurch ist es schwierig, eine Variable zu bestimmen, die im Einzelnen die Wirkung ausgelöst und den Konsumenten zum Kauf veranlasst hat.[204] Beispielsweise zeigen die Erinnerungen an einen Werbespot, dass der Konsument sich gedanklich damit auseinander gesetzt hat, jedoch ist die Relevanz für das Verhalten anzuzweifeln. Die Kaufabsicht hingegen gilt als Indikator für das tatsächliche Kaufverhalten, aber es kann keine direkte Verbindung zum werblichen Reiz aufgezeigt werden.[205]

7.6.2 Spezifische und grundsätzliche Messprobleme

Zentrale Größen für die Werbewirkungsmessung sind die der Einstellungsänderung und der Werbeerinnerung. Die Methode zur Messung der Einstellungsänderung geht von der Annahme aus, dass ein Zusammenhang zwischen der Einstellung zu einem Produkt und dem Kaufverhalten besteht. Probleme bei der Messung sind, dass zum einen die Einstellung meist nicht unmittelbar nach dem Werbekontakt gebildet wird, sondern oft erst nach Verwendung des Produktes und zum anderen, dass oft situative Einflüsse in der konkreten Kaufsituation wie z.B. Sonderangebote oder die Erhältlichkeit des Produktes zu einem einstellungskonträren Kaufverhalten führen können. Insgesamt betrachtet ist die Messung der Einstellungsänderung als Indikator zur Erfassung des tatsächlichen Kaufverhaltens wenig aussagekräftig, da es bisher keine empirische Belege dafür gibt, dass Einstellungen das tatsächliche Verhalten determinieren können.[206] Dennoch sind Einstellungsänderungen, wie in Kapitel 6.3 beschrieben, in der Praxis immer noch eine relevante Zielgröße, da auch das Untersuchungsziel und die Eigenschaften, die für die Untersuchung vorliegen sowie relevante Umweltbedingungen berücksichtigt werden müssen. Generell lässt sich festhalten, dass die Wahrscheinlich-

---

[204] vgl. Bongard (2002), S. 95
[205] vgl. Schlichthorst (2006), S. 2
[206] vgl. bsp. Kloss (2003), S. 104 oder Bongard (2002), S. 92

keit des tatsächlichen Kaufaktes eines Produktes höher ist, wenn der Konsument eine positive Einstellung zu diesem Produkt bzw. der Marke hat.

Das Zeitproblem bei der Messung von Werbewirkungen stellt die Forschung unter anderem vor die Frage, welches Zeitintervall zur Bestimmung einer Wirkung zu wählen ist. Genau abgegrenzte Zeitintervalle werden meist in Laborexperimenten genutzt, wobei sie aber die Wirkung früherer Werbemaßnahmen völlig ignorieren, indem sie jede Werbung isoliert betrachten.[207] Dass aber alle bis zu einem bestimmten Zeitpunkt durchgeführten Werbemaßnahmen eine Veränderung hervorrufen können, bezeichnet man in der Werbewirkungsforschung als „carry-over-Effekt".[208] Eine weitere Schwierigkeit ist die Langfristigkeit, denn in der einschlägigen Literatur besteht Einigkeit darüber, dass Werbung eine langfristig angelegte Investition ist. Dies erschwert die Messung der Wirksamkeit, da Experimente lediglich über kurz- bis mittelfristige Zeiträume durchgeführt werden können und ist außerdem nachteilig für die Werbetreibenden, da sie unter dem Druck stehen, möglichst zeitnah Wirkungen nachzuweisen.[209]

---

[207] vgl. McDonald (1994), S. 8 in Bongard (2002), S. 90
[208] vgl. Meffert (2000), S. 568 ff.
[209] vgl. Bongard (2002), S. 90 ff.

8. Erkenntnisse des Neuromarketing

Alle herkömmlichen und derzeit eingesetzten Messmethoden zur Werbewirkung sind mit dem Problem behaftet, dass nicht die tatsächlichen Vorgänge im Gehirn, sondern meist nur verbale Äußerungen gemessen werden können. Durch Befragungen und Beobachtungen wurden zwar viele Zusammenhänge erforscht und teilweise erklärt,[210] doch diese Aussagen der Konsumenten sind, wie im vorangegangenen Kapitel beschrieben, durch vielfältige Einflussfaktoren verzerrt und bilden meist nur das ab, was der Konsument bewusst wahrgenommen und verarbeitet hat. Hier können Erkenntnisse aus dem Neuromarketing weiterhelfen. Jenes basiert auf wissenschaftlichen Erkenntnissen, die teilweise schon lange zur Verfügung stehen, aber sich erst vor ein paar Jahren tatsächlich in den Marketingalltag eingefunden haben. Neuromarketing verknüpft Erkenntnisse und Verfahren der Psychologie, der Marktforschung und der Gehirnforschung.[211]

8.1 Pilot und Autopilot

Die Idee, Erkenntnisse und Methoden der Hirnforschung für das Marketing und die Werbung zu nutzen, hatte schon vor etwa 40 Jahren der ehemalige Marktforschungsleiter von General Electric, Herbert E. Krugman, der durch seine Studien das Hemisphären-Modell entwickelte. Demnach gibt es eine linke rationale und eine rechte emotionale Hirnhälfte (Hemisphäre). Dabei wusste er noch nicht, dass die beiden Gehirnhälften mit über 200 Millionen Nervenfasern eng miteinander verbunden sind und beide sowohl emotionale als auch kognitive Hirnstrukturen aufweisen. Somit kann nicht von einer sinnvollen Trennung in eine emotionale und eine rationale Gehirnhälfte gesprochen werden.[212] Vielmehr gibt es im menschlichen Gehirn zwei „Systeme", die das Verhalten steuern oder beeinflussen. Scheier und Held sprechen dabei von dem „Piloten" und dem „Autopiloten". Der „Pilot", der auch als das menschliche Bewusstsein bezeichnet werden kann, enthält demnach alle Emotionen und kognitiven Vorgänge, die dem Menschen bewusst sind und die er deshalb kontrollieren kann. Der „Autopilot" steuert das Verhalten hingegen implizit, enthält aber ebenfalls emotionale und auch kognitive

---

[210] vgl. Hänsel (2004), S. 15
[211] vgl. Müller (2007), S. 1
[212] vgl. Hänsel (2004), S. 73 ff.

Prozesse. Der Konsument glaubt nur zu wissen, warum er sich ausgerechnet für dieses oder jenes Produkt entschieden hat, denn nach Meinung von Gehirnforschern laufen zwischen 70% und 95% des Konsumverhaltens implizit ab und der Konsument merkt dabei auch nicht, wie ihn die Werbung bei seinen Kaufentscheidungen beeinflusst.[213] Der Grund dafür ist, dass pro Sekunde etwa 11 Millionen Bits an Informationen in das Gehirn gelangen, aber nur 40 bis 50 Bits werden bewusst verarbeitet und erlebt.[214] Das heißt, es werden fast alle Informationen unbewusst und ohne aktive Aufmerksamkeit verarbeitet und wirken implizit auf den Konsumenten und sein Verhalten. Den Menschen als „Homo Oeconomicus", der alle seine Entscheidungen bewusst und rational nach dem Kosten-Nutzen-Prinzip fällt, gibt es so nicht.[215]

Da Werbung eine Art von Kommunikation ist, sendet das werbetreibende Unternehmen seine Werbebotschaften verschlüsselt über „Codes" an den Konsumenten und dieser entschlüsselt die Botschaft unbewusst. Die Bedeutung der Werbebotschaft entsteht also erst beim Empfänger. Deshalb muss die Werbung genau das ausdrücken, was sie dem Konsumenten vermitteln möchte, denn sein Verhalten wird primär durch die impliziten Codes der Werbung, die an bestehende Motive und Bedürfnisse anknüpfen, gesteuert.[216]

Die Bedeutung der Codes hängt von der Zielgruppe und oft auch von ihrer Kultur ab. Symbole und Geschichten haben in verschiedenen Kulturen unterschiedliche Bedeutungen und dies muss auch in der Werbung berücksichtigt werden. Sie muss die beworbenen Marken mit kultureller und sozialer Bedeutung aufladen, damit sie vom Konsumenten implizit verarbeitet werden und zusammen mit den Motiven und Bedürfnissen zum Kauf führen. Der Einfluss der sozialen Bedeutung von Marken, die vor allem durch die Werbung gebildet werden, zeigt das Beispiel der Marke „Red Bull". Beim Produkttest vor der Einführung des Energydrinks haben Probanden sich häufig negativ über den Geschmack des Getränkes geäußert. Heute ist die Marke trotzdem sehr erfolgreich, was nicht an einem geänderten Geschmack liegt, sondern an der sozialen Bedeutung von Red Bull.[217]

Die Erkenntnis, dass die Bedeutung über „Codes" vermittelt wird, die vor allem die nichtsprachlichen Elemente einer Werbung betreffen, wie Symbole, Geräusche, Farben

---

[213] vgl. Scheier / Held (2006), S. 59 ff. / S. 153
[214] vgl. Scheier / Held (2006), S. 47
[215] vgl. Hänsel (2004), S, 65
[216] vgl. Scheier / Held (2006), S. 98
[217] vgl. Scheier / Held (2006), S. 14

oder Geschichten, hat auch Konsequenzen für die Messung von Werbewirkung. Dabei wird häufig die Erinnerung an eine Werbung abgefragt, was jedoch meist nur die formalen Aspekte betrifft, nicht die inhaltliche Bedeutung für den Konsumenten. Werbung wirkt jedoch zum größten Teil unbewusst. Der Konsument kann diese Informationen nicht bewusst abrufen, und somit sind Befragungen nach der Erinnerung an eine Werbung wenig aussagekräftig, da nur ein Bruchteil der verarbeiteten Informationen bewusst erinnert werden können. [218]

Wie Werbung implizit wirkt, hat der Psychologe Stewart Shapiro in einem Experiment gezeigt, in dem Probanden einen Text auf einem Computerbildschirm lesen mussten und gleichzeitig mit der Computermaus verfolgen. Während der Text in der Mitte des Bildschirmes ablief, wurden am linken Bildschirmrand Werbeanzeigen kurz eingeblendet, ohne dass die Probanden sie bewusst wahrnahmen. Nach dem Test sollten sie in einer simulierten Kaufsituation Produkte auswählen. Dabei wurden auffallend häufig Produkte ausgesucht, die in den nebenbei gezeigten Werbeanzeigen beworben wurden. [219]

8.2 Der Einfluss von Emotionen

Lange Zeit ist man davon ausgegangen, dass „Bauchgefühle" bei Kaufentscheidungen eher von minderwertiger Bedeutung sind und meist nur auftreten, wenn der Konsument wenig involviert ist. [220] Heute weiß man, dass zwischen 70 und 95% aller Entscheidungen unbewusst getroffen werden, und dabei Emotionen eine große Rolle spielen. Dies gilt auch für Kaufentscheidungen bei Produkten, mit denen sich der Konsument länger bindet und die ein höheres Kaufrisiko bergen, wie beispielsweise der Kauf eines neuen Autos. Noch offenkundiger sind die Auswirkungen von Emotionen, wenn in der Werbung bekannte Marken gezeigt werden. [221] Dann werden die Gehirnregionen entlastet, die für das Denken zuständig sind, und emotionale Hirnregionen werden aktiviert. Das Gehirn muss also weniger Aufwand für eine Kaufentscheidung eines

---

[218] vgl. Scheier / Held (2006), S. 58 ff.
[219] vgl. Scheier / Held (2006), S. 156
[220] vgl. Scheier / Held (2006)
[221] vgl. Deutsche Post (2007), S. 6

bekannten Markenartikels betreiben, und somit greift der Konsument häufig ohne erneut nachzudenken zu der gleichen Marke.[222]

Für die Werbewirkung bedeutet dies, dass Werbung, die keine Emotionen beim Konsumenten auslöst, für das Gehirn keine oder nur eine geringe Bedeutung hat.[223]

Das Neuromarketing ist ein relativ neuer Bereich in der Werbeforschung und befindet sich noch im Anfangsstadium. Mithilfe der bisherigen Forschungsergebnisse der Psychologie und der Marktforschung konnte das Neuromarketing wichtige und aufschlussreiche Erklärungen für das Konsumentenverhalten liefern. Dennoch muss berücksichtigt werden, dass mittels des Neuromarketings es heute und wahrscheinlich auch in Zukunft nicht möglich sein wird, abzulesen, was und wie ein Kunde denkt.[224] Mithilfe von Hirnscannern kann zwar festgestellt werden, welche Gehirnregionen bei verschiedenen Reizeinwirkungen aktiviert werden, jedoch ist eine Interpretation dieser Ergebnisse schwierig. Detaillierte Analysen über die Wirkung einer Werbung sind mit Hirnscannern bislang nicht durchführbar.[225] Der Wunsch aller Werbetreibenden und der Albtraum jedes Verbraucherschützers von dem „gläsernen Kunden" wird somit nicht Realität werden. Auch der „Kaufknopf" im Gehirn des Menschen existiert nicht, da die Vorgänge viel zu komplex sind.[226]

---

[222] vgl. Scheier / Held (2006), S. 24
[223] vgl. Häusel (2004), S. 100
[224] vgl. Müller (2007), S. 32
[225] vgl. Scheier / Held (2006), S. 19 ff.
[226] vgl. Deutsche Post (2007), S. 6

9. Veränderte Rahmenbedingungen

Die Werbung sieht sich einem immer schneller wandelnden Umfeld gegenüber. Die Märkte werden immer enger, Produkte und Dienstleistungen haben einen kürzer werdenden Lebenszyklus und der Weg geht hin zu einer Informations- und Kommunikationsgesellschaft. Diese Tendenzen werden von politischen, technologischen und gesellschaftlichen Entwicklungen getragen, die sich gegenseitig beeinflussen und verstärken.[227]

Im folgenden Abschnitt soll aufgezeigt werden, welche Rahmenbedingungen sich im Einzelnen in Bezug auf die Werbewirkung geändert haben.

9.1 Entwicklung der Werbeträger und Werbemaßnahmen

Seit den Anfängen der Werbung hat sich nicht nur die Werbung an sich, sondern auch die Werbeträger und Werbemaßnahmen weiterentwickelt. In den 60er und 70er Jahren fand auf vielen Märkten ein Wandel vom Verkäufer- zum Käufermarkt statt, da das Angebot an Produkten die Nachfrage übertraf. Unternehmen begannen sich somit an den Kundenbedürfnissen zu orientieren, um konkurrenzfähig zu bleiben. Die Angebote wurden zielgruppenspezifischer gestaltet und vermarktet.[228]

Die Werbung wird durch den Einsatz von Direktmarketingmaßnahmen nicht nur zielgruppenspezifischer, sondern ist auch für den Werbenutzer mit einem höheren Grad an „freiwilliger Rezeption" verbunden. Eggert hat bereits Ende der 90er Jahre festgestellt, dass sich ein Wandel von der passiven Mediennutzung zur aktiven vollzieht.[229] Dies liegt nicht zuletzt daran, dass neue Medien wie das Internet und das Mobiltelefon auf den Markt gekommen sind und sich auch als Werbemedium durchgesetzt haben. Der Konsument hat vermehrt die Möglichkeit, selbst nach Produktinformationen zu suchen und ist nicht mehr auf die Werbung als Informationsmedium angewiesen.

9.1.1 Direktmarketing

Die Kommunikation über die Massenmedien war für die Werbung lange Zeit von größter Bedeutung. Massenmedien richten sich meist an eine große, aber anonyme Anzahl von Menschen, die im Vergleich zur face-to-face-Kommunikation kein direktes

---

[227] vgl. Bruns (1998), S. 13
[228] vgl. Bruns (1998), S. 15 ff.

Feedback an den Sender (Werbetreibender) geben können.[230] Durch den Informationsoverflow wurde es für die Unternehmen immer schwieriger, Kontakte zu den Zielpersonen aufzubauen. Deshalb wurde in den letzten Jahren verstärkt in Direktmarketingmaßnahmen investiert, und auch dieses Jahr wird wieder eine Steigerung prognostiziert.[231] Direktmarketing umfasst alle Werbemaßnahmen, *„die sich der direkten Kommunikation [...] bedienen, um Zielgruppen in persönlicher Einzelansprache gezielt zu erreichen".*[232] Um eine gezielte Ansprache zu ermöglichen, werden die Bedürfnisse der Kunden systematisch erfasst und analysiert. Grundlage für die Informationsbeschaffung und Aufbereitung der Kundendaten sind Kundendatenbanken.[233] Durch den Einsatz von Direktmarketingmaßnahmen soll nicht die Masse angesprochen, sondern Einzelpersonen identifiziert und durch den Einsatz von Marketing-Instrumenten zu einer messbaren Reaktion veranlasst werden.[234] Der Trend geht *„weg von der klassischen Anzeigen- und Fernsehwerbung nach dem Gießkannenprinzip, hin zu zielgerichtetem Kundendialog und Direktmarketing".*[235] Die eingesetzten Medien werden dabei je nach Branche unterschiedlich intensiv genutzt.[236]

9.1.1.1 Direct Mail

Unter Direct Mail versteht man eine adressierte Werbesendung, die in der Regel per Post an die selektierte Zielperson versandt wird.[237] Hierunter fallen nicht nur Briefe, sondern auch Kataloge, Prospekte, Wurfzettel und Flyer. Im Jahr 2006 haben laut Nielsen Direct Mail Studie durchschnittlich 33,8 % der werbetreibenden Unternehmen zu Direct Mail Maßnahmen gegriffen. Dies ist im Vergleich zum Vorjahr eine Steigerung von 8,3%. Nach den Zeitungen ist damit Direct Mail das zweitmeist genutzte Werbemedium, mit dem 2006 über 17.000 verschiedene Produkte beworben wurden. Jedoch muss berücksichtigt werden, dass gerade im letzten Jahr in Bezug auf die Fußballweltmeisterschaft in Deutschland vermehrt Werbung betrieben wurde. Von den in 2006 aufgewendeten 3 Milliarden Euro für das Medium Direct Mail flossen 38% in

---

[229] vgl. Eggert (1999), S. 134 ff.
[230] vgl. Fox (2004), S. 22 ff.
[231] vgl. DDV (2007)
[232] Zit. n. Deutsche Post AG (2007)
[233] vgl. Bruns (1998), S. 59
[234] vgl. Bruns (1998), S. 59
[235] Zit. n. Behrens (2006) in OnetoOne Book, Ausgabe 5
[236] vgl. GfK DirectMarketing-Panel (2006) in OnetoOne Book (2006), S. 82

den Brief, knapp 28% in Kataloge, fast 25% in Prospekte und die verbleibenden 9% in Wurfzettel und Flyer. Damit investierten die Werbetreibenden in den Versand von Direct Mail im Durchschnitt 77 Euro pro Haushalt. Der größte Werbetreibende dabei war der Quelle Versand[238] mit knapp 1,2 Milliarden Euro.

Abb. 7: Anzahl werbende Unternehmen im Mediensplit:

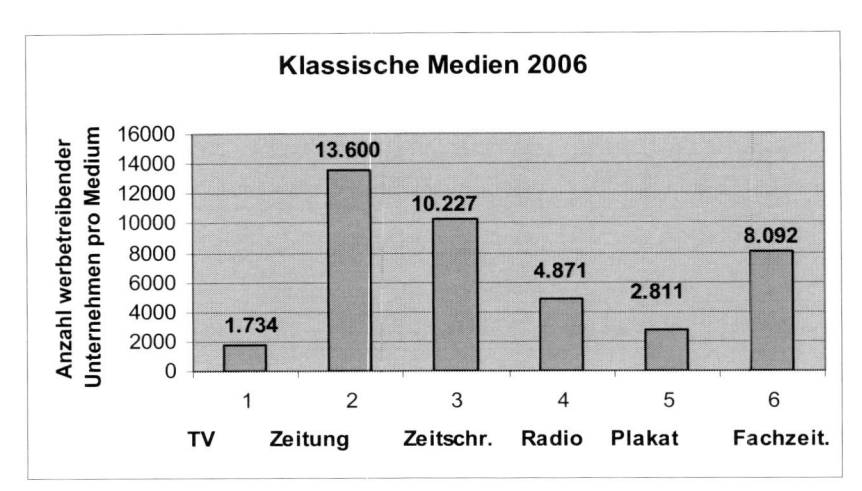

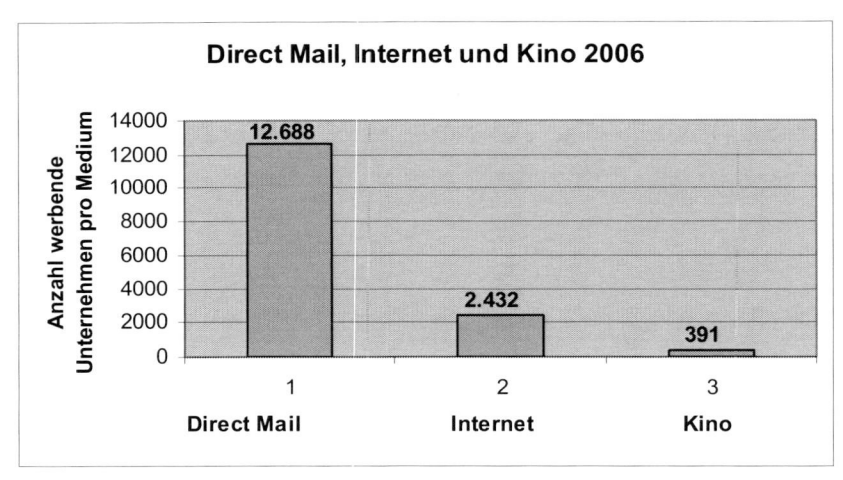

Klassische Medien 2006

	TV	Zeitung	Zeitschr.	Radio	Plakat	Fachzeit.
Anzahl werbetreibender Unternehmen pro Medium	1.734	13.600	10.227	4.871	2.811	8.092

Direct Mail, Internet und Kino 2006

	Direct Mail	Internet	Kino
Anzahl werbende Unternehmen pro Medium	12.688	2.432	391

Quelle: Nielsen Media Research (2007), S. 8

Nach wie vor ist der adressierte Werbebrief das am häufigsten genutzte Direct Mail Medium. Dies ist laut Behrens darauf zurückzuführen, dass er weniger in die Pri-

---

[237] vgl. Bruns (1998), S. 105
[238] Firmenausweisung ohne Konzernzugehörigkeiten

vatsphäre der Zielperson eindringt als eine E-Mail oder ein Telefonanruf, aber persönlicher ist als ein Flyer oder Prospekt. Ist das Mailing kreativ gestaltet und kommt es von einem „gewünschten Absender", so besteht die Chance, dass sich die Zielperson näher damit beschäftigt und es nicht sofort im Mülleimer landet.[239] Dies ist jedoch nur begrenzt steuerbar.[240]

9.1.1.2 Internetwerbung

Die klassischen Medien, insbesondere das Fernsehen, verlieren immer mehr Zuschauer, besonders Jugendliche, an das Internet. Das Internet ist heute in Bezug auf die Nutzungsdauer das drittwichtigste Medium hinter TV und Radio.[241] Rund 62% der Deutschen verfügen über einen Online-Zugang im privaten Haushalt.[242] Wichtigster Grund für die Internetnutzung ist für die Konsumenten das Senden und Empfangen von E-Mails, gefolgt von der Recherche. Fast alle Internetnutzer haben sich schon einmal über Produkte im Internet informiert, was oft beim Online-Kauf endet.[243] Die Gesellschaft für Konsumforschung (GfK) hat in einer aktuellen Studie festgestellt, dass mittlerweile mehr als die Hälfte der Deutschen zwischen 14 und 69 Jahren regelmäßig im Internet kaufen. Damit ist in den letzten vier Jahren die Zahl der Personen, die im Internet Waren eingekauft haben, um 41% auf 28,6 Millionen stark angestiegen. Der verhältnismäßig stärkste Anstieg ist bei Frauen sowie Personen über 50 Jahren zu verzeichnen. Die meist gekauften Produkte im Jahr 2006 waren Bücher. Die Plätze zwei und drei belegten die Warengruppen Bekleidung und Veranstaltungstickets.[244]

Nach einer Studie des Marktforschungsinstituts TNS Infratest werden allein im Versandhandel fast 40% des Umsatzes über Bestellungen via Internet generiert.[245] Dies zeigt, dass das Internet als Einkaufsmedium und somit auch als Werbeplattform eine immer stärkere Stellung einnimmt. Allein im Jahr 2005 haben rund 71% der werbetreibenden Unternehmen[246] Online-Werbung betrieben.[247] Im Jahr 2006 betrugen die Online-Bruttoaufwendungen 1,9 Milliarden Euro. Das sind fast 9% am gesamten

---

[239] vgl. Behrens (2006), S. 1 in OnetoOne Book (2006), S. 8
[240] vgl. GfK DirektMarketing-Panel (2006) in OnetoOne Book (2006), S. 82
[241] vgl. Deutsche Post AG (2007)
[242] vgl. GfK (2006) in OnetoOne Book (2006), S. 82
[243] vgl. BVDW (2007), S. 19
[244] vgl. ENIGMA GfK (2006), S. 1
[245] TNS Infratest (2006)
[246] Unternehmen ab 0,25 Millionen Euro Jahresumsatz

deutschen „Werbekuchen", und der Trend geht weiterhin aufwärts.[248] Besonders die Möglichkeit der einfachen Integration in andere Marketing-Maßnahmen ist für die Unternehmen ein Vorteil dieser Werbeform.[249] Das Internet erweitert die Möglichkeiten herkömmlicher Werbeformen durch seine Interaktivität und die Vielfalt neuer Gestaltungsformen.

Ein Großteil der Unternehmen hat mittlerweile eine eigene Website, die nicht nur als Werbemittel, sondern auch als Werbeträger dienen kann.[250] Neben der typischen Bannerwerbung haben sich eine Vielzahl weiterer Internetwerbemittel entwickelt, bei denen generell zwei Trends unterschieden werden können: zum einen eher dezentere Werbeformen, die sich um den Content[251] platzieren und zum anderen auffälligere Werbeformen, die sich für einen kurzen Moment über den Content legen und dabei wie eine Art Unterbrecher-Werbung wirken. Eine Studie der Tomorrow Focus AG hat gezeigt, dass die Kommunikationsstärke, die Aufmerksamkeitsleistung und die Akzeptanz von Internetwerbung maßgeblich von ihrer Platzierung auf der Website abhängt. Content-überlagernde Formate eignen sich gut, um sehr früh viel Aufmerksamkeit zu erzeugen und haben einen hohen Wiedererkennungswert. Jedoch werden sie bei den Konsumenten weniger akzeptiert als Content-integrierte Formate, die aufgrund ihrer eher dezenteren Platzierung als weniger störend wahrgenommen werden.[252]

Internetwerbung dreht sich jedoch nicht nur um Konsumtrends, sondern auch verstärkt um Kommunikationstrends. Der Weg zur Zielperson geht über neuere Kanäle wie Podcast[253], Blogs[254], Tagging[255] oder YouTube[256]. Dabei geht es um eine noch gezieltere und direktere Kommunikation mit dem Kunden oder der Zielperson, die verstärkt über diese Kanäle untereinander Informationen austauschen.[257]

Mundpropaganda ist heute effektiver als je zuvor, da die Menschen durch die Onlinekommunikation schneller und öfter miteinander in Verbindung treten können und somit

---

[247] vgl. Deutsche Post (2006) in DDV (2007)
[248] vgl. BVDW (2007), S. 5
[249] vgl. GfK (2005), S. 83
[250] vgl. Fritz (2000), S. 121 ff.
[251] ein Content beschreibt den übertragenen Inhalt durch insbesondere die Neuen Medien; im Internet kann er als Text-, Bild-, Audio- oder Videodaten vorliegen
[252] vgl. Tomorrow Focus AG (2006)
[253] Mediendatei, die über das Internet jederzeit bezogen werden kann
[254] von Privatpersonen gestaltete Website zum Informationsaustausch
[255] Zuordnen von frei definierbaren Schlagwörtern zu einzelnen Inhalten einer Website
[255] Website, auf der die Benutzer kostenlos Video-Clips ansehen und selbst hochladen können

auch einfacher Kontakte knüpfen. „Internetwerbung, die wirklich wirkt" lautet der Titel eines Buches, in dem die Autoren Coric, Johann und Summer den „Ideavirus" als die zukünftige Internetwerbeform anpreisen. Darunter verstehen sie keine Werbung im herkömmlichen Sinne, sondern eine Verbreitung von Ideen via Internet durch die Konsumenten selbst. Beispielsweise hat das Internetunternehmen Hotmail seinen gratis-E-Mail-Account nicht durch Fernsehwerbung verbreitet, sondern durch eine Art Mundpropaganda, die das Unternehmen über das Internet, unter anderem mit versendeten E-Mails, gefördert hat.[258]

9.1.1.3 E-Mail-Marketing

Eine Möglichkeit der gezielten Ansprache von Zielpersonen ist die Werbung mittels E-Mails. Noch vor ein paar Jahren war für viele Unternehmen E-Mail-Marketing ein völlig unbekanntes Thema. Heute hat sich das Medium E-Mail als fester Bestandteil des Marketing-Mixes etabliert und ist zu einem der wichtigsten Kommunikationskanäle zwischen Unternehmen und ihren Kunden geworden.[259] Mittlerweile versenden rund 90% der Dax100-Unternehmen Newsletter via E-Mail an Kunden und Interessierte.[260] Häufig werden Kunden zunächst per Direct Mail angeschrieben und die Nachfassaktion erfolgt per E-Mail. Für weniger wichtige Kunden ist die E-Mail aus Kostengründen von vorne herein die bevorzugte Kontaktvariante.[261]

Mit der zunehmenden Verbreitung der Breitbandanschlüsse setzt sich die Videomail als zusätzliches Instrument im E-Mail-Marketing immer mehr durch. Sie hat den Vorteil, dass der Konsument durch die bewegten Bilder und die Musik emotionaler erreicht wird als mit einer reinen Textmail und die Klickraten sich dadurch erhöhen.[262] Jedoch muss auch berücksichtigt werden, dass der Konsument zunächst die „Klickschwelle" überwinden muss, um überhaupt das Video sehen zu können. Es kann also nicht sofort von einer besseren Werbewirkung gesprochen werden als bei Text-E-Mails.

---

[257] Postmail (2007)
[258] vgl. Coric / Johann / Summer (2002), S. 10 ff.
[259] vgl. gsc-consult GmbH ( ) in OnetoOne Book
[260] vgl. Wiewer (2007) in DDV (2007)
[261] vgl. Behrens (2006), S. 3 in OnetoOne Book (2006), S. 10
[262] vgl. PostMail (2007)

9.1.1.4 Mobile Marketing

Das Handy hat sich heute vom mobilen Telefon zu einem multifunktionalen Gerät entwickelt und ist sowohl im Berufsleben als auch in der Freizeit für viele Menschen nicht mehr wegzudenken. So nutzen mittlerweile rund 43 Millionen Menschen in Deutschland ein Mobiltelefon.[263] Die Einbindung des Mobiltelefons als Werbemedium bringt einige Vorteile mit sich.

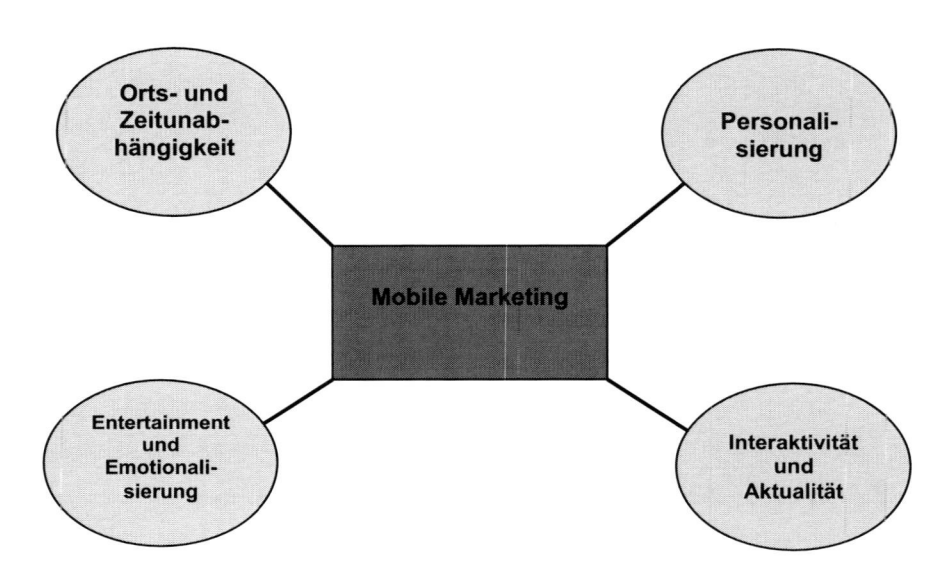

Abb. 8: Vorteile des Mobile Marketing:

Quelle: In Anlehnung an Holland / Bammel (2006)

Das Empfangen von Werbebotschaften über das Mobiltelefon ist orts- und zeitunabhängig, da für die meisten Zielgruppen ihr Mobiltelefon zum permanenten Wegbegleiter geworden ist. Durch die genaue Lokalisierbarkeit der Mobiltelefonbesitzer ist zudem eine Versendung von Werbebotschaften möglich, wenn sich die entsprechende Zielperson an einem bestimmten Ort aufhält, beispielsweise vor einem Geschäft, für welches geworben werden soll. Dies setzt voraus, dass der Mobiltelefonbesitzer bereits über

---

[253] vgl. BVDW (2006), S. 6

seine Handynummer identifiziert wurde und so mittels einer Kundendatenbank persönlich mit der Werbung angesprochen werden kann.[264]

Ein weiterer Vorteil des Mobile Marketing ist die Möglichkeit der Interaktivität der Kommunikation sowie die Aktualität der Informationen, die über das Mobiltelefon an die Zielpersonen übermittelt werden. Interaktivität ist dann gegeben, wenn der Empfänger einer Botschaft die Möglichkeit zur Antwort hat.

Da emotionale Werbung die Einstellung der Zielperson positiv beeinflussen kann,[265] werden im Mobile Marketing Emotionen durch die Einbindung von Sprache, Bildern oder Musik geweckt.[266]

Bei den aufgezählten Vorteilen, die die Werbung über das Mobiltelefon aufweist, darf nicht vergessen werden, dass der Konsument nicht immer positiv darauf reagiert. Laut einer Studie des BVDW akzeptieren rund 65% der Handynutzer diese Art von Werbung nur, wenn sie persönliche Vorteile bringt, wie z.B. Geldvorteile in Form von Rabatten.[267]

9.1.1.5 Faxwerbung

Das Telefax hat seit Ende der 80er Jahre eine schnelle Verbreitung in Deutschland gefunden, besonders im Geschäftsbereich wurde nahezu eine Flächendeckung erreicht. Der Vorteil gegenüber der Direct Mail oder der E-Mail ist, dass die Zielperson nicht erst dazu veranlasst werden muss, den Werbebrief oder die E-Mail zu öffnen, denn er kommt schon geöffnet aus dem Faxgerät und die Botschaft ist sofort sichtbar.[268]

Die Faxwerbung hat jedoch im Vergleich zur Internetwerbung oder zur Direct Mail einen eher geringen Stellenwert im Direktmarketing. Im Jahr 2005 haben nur etwa 10% der werbetreibenden Unternehmen[269] Faxwerbung betrieben, jedoch über 70% Internetwerbung.[270] Ein Grund dafür könnte in der verstärkten Verbreitung des Faxgerätes im Geschäftsbereich gegenüber den Privathaushalten liegen. Außerdem besteht heute die Möglichkeit, ein Fax per E-Mail zu versenden, das dann analog zum E-Mail-Marketing ist.

---

[264] vgl. Holland / Bammel (2006) in OnetoOne Book
[265] vgl. Gleich (2003), S. 330
[266] vgl. Holland / Bammel (2006) in OnetoOne Book
[267] vgl. BVDW (2006), S. 19
[268] vgl. Bruns (1998), S. 157 ff.
[269] Unternehmen ab 0,25 Millionen Euro Jahresumsatz
[270] vgl. Deutsche Post (2006)

9.1.1.6 Telefonmarketing

Das aktive Telefonmarketing, bei dem die Zielperson angerufen wird, um ihr Informationen über Produkte zu geben und sie zum Kauf zu animieren, ist ein weiterer Bereich des Direktmarketings. Oft wird versucht über ein Gewinnspiel den Zielpersonen die beworbenen Produkte anzubieten.[271] Jedoch scheitern laut der Gesellschaft für Konsumforschung 62% aller Werbeanrufe vorzeitig und ergebnislos. Dagegen besteht im Gegensatz zur E-Mail oder Direct Mail für den Werbetreibenden, in diesem Fall den Anrufer, die Möglichkeit, den Gesprächsverlauf so zu lenken, dass er doch zu einem positiven Ende führt.[272]

9.1.1.7 Teleshopping

Beim Teleshopping können die Betrachter der Fernseh- oder Internetwerbung per Telefonanruf auf das Angebot reagieren und eine Bestellung aufgeben oder sich zusätzliche Produktinformationen zukommen lassen.[273] Dieses kann im Rahmen von Verkaufsshows, reinen Shoppingkanälen oder innerhalb von herkömmlichen Werbeblöcken ablaufen.[274] Bis vor wenigen Jahren war es nicht vorstellbar, dass es einmal einen Fernsehsender ausschließlich für Teleshopping geben wird. In den USA fand diese Form des Verkaufens schon in den 70er Jahren ihre Anfänge. In Deutschland startete 1995 der erste Teleshopping-Sender. Zehn Jahre später schauten rund 30% der Deutschen gelegentlich Teleshopping und etwa 10 Millionen Menschen hatten bereits einmal bei einem Teleshopping-Sender bestellt. Laut einer Studie von Goldmedia wird bis 2010 mit einem Umsatz von über 1,6 Milliarden Euro gerechnet, was eine durchschnittliche jährliche Wachstumsrate von 11% voraussetzt. Außerdem wird sich der Teleshopping-Markt im Zuge der Digitalisierung der Fernsehübertragung deutlich verändern, da die Vielfalt der Sender und damit auch die Vielfalt der Produkte noch mehr wachsen wird.[275]

---

[271] vgl. Bruns (1998), S. 247
[272] vgl. GfK DirektMarketing-Panel (2006) in OnetoOne Book (2006), S. 82
[273] vgl. Felser (2001), S. 24
[274] vgl. Bruns (1998), S. 175
[275] vgl. Goldmedia GmbH (2005)

9.1.1.8 Kundenclubs

Unter einem Kundenclub kann man „*die von einem Unternehmen initiierte und organisierte oder zumindest geförderte Vereinigung von Zielgruppenmitgliedern (tatsächlichen oder potenziellen Kunden)*"[276], verstehen. Allgemeines Ziel dabei ist, mit den Mitgliedern einen regelmäßigen und direkten Kontakt zu pflegen, um die Marketingziele zu erreichen. Die einzelnen Ziele können je nach Unternehmen und Branche sehr unterschiedlich sein. Sie gehen von der Bindung der Stammkunden und Neugewinnung von Kunden über die Steigerung von Kauffrequenzen bis zur Schaffung von Frühwarnsystemen für Marktveränderungen. Als „Gegenleistung" für die Mitgliedschaft und somit auch die Preisgabe persönlicher Daten erhalten die Kunden meist Rabatte und Preisermäßigungen beim Kauf einer bestimmten Anzahl von Produkten sowie Geschenkartikel oder frühzeitige Neuproduktinformationen.[277] Meist gibt das entsprechende Unternehmen seinen Kundenclubmitgliedern eigene Kundenkarten aus, die beim Einkauf mit eingescannt werden. Die Kunden können dadurch beispielsweise Bonuspunkte sammeln; und das Unternehmen kann feststellen, was, wann und wie viel seine Kunden kaufen. Die somit entstandenen Kundeninformationen sind die Basis für einen gezielten Kundenkontakt. Das wohl bekannteste Kundenkartenprogramm in Deutschland ist „Payback" mit mehr als 28 Millionen Kunden.[278] Mit einer Paybackkarte kann der Karteninhaber beim Einkauf Bonuspunkte bei einer Vielzahl von Partnerunternehmen, wie Aral, DM oder Obi sammeln und sie ab einer bestimmten Anzahl gegen Prämien, Gutscheine oder Bargeld einlösen.[279]

9.1.2 Fernsehwerbung

Das Fernsehen wurde bereits in seinen Anfängen als Werbeträger genutzt und die Fernsehwerbung entwickelte sich nach der Einrichtung des dualen Systems und der Gründung des privaten Rundfunks zu einem bedeutenden Wirtschaftssektor.[280]
Pro Tag werden etwa 5.000 Werbespots im Fernsehen ausgestrahlt und eine durchschnittliche abendliche Fernsehsendung in einem Privatsender besteht aus annähernd

---

[276] Zit. n. Bruns (1998), S. 164
[277] vgl. Bruns (1998), S. 164 ff.
[278] vgl. Wassel (2006), S. 1 in OnetoOne Book (2006), S. 84
[279] vgl. Payback (2007)
[280] vgl. Sevenone Media GmbH (2002), S. 7

einem Drittel Werbung.²⁸¹ Da liegt es nahe, dass der einzelne Spot im Verhältnis nur eine geringe Wirkung haben kann.²⁸² Pro Tag guckt der Konsument zwar im Durchschnitt 3 Stunden und mehr Fernsehen, jedoch läuft in vielen Haushalten der Fernseher nur im Hintergrund während der Zuschauer anderen Tätigkeiten nachgeht.²⁸³ Seit der Liberalisierung der Werberichtlinien sind neben den üblichen Werbeblocks auch neue Werbeformen möglich, die dem so genannten Wirkungsproblem entgegensteuern sollen. So kann Werbung beispielsweise als kurzer Einzelspot auf einem geteilten Bildschirm gezeigt werden, während zeitgleich das normale Programm weiter ablaufen kann (Split Screen). Dadurch soll verhindert werden, dass der Zuschauer während der Werbung umschaltet.

Verboten ist Fernsehwerbung nur noch in Kindersendungen sowie Nachrichtensendungen und Dokumentationen, die kürzer als 30 Minuten sind.²⁸⁴

9.2 Marktsättigung

In den meisten Produktsegmenten werden die Märkte immer enger, da sie kaum noch wachsen. Weltweit gilt ein Großteil der Märkte als gesättigt.²⁸⁵ Vor diesem Hintergrund versuchen die meisten Hersteller in erster Linie Marktanteile zu gewinnen bzw. zu maximieren, was fast nur noch zulasten anderer Anbieter geschehen kann. Da die Produkte im Allgemeinen ausgereift sind, weisen sie kaum noch innovative Eigenschaften auf und sind aufgrund der geringen Qualitätsunterschiede aus Sicht der Konsumenten austauschbar geworden.²⁸⁶ Das hat auch Folgen für die Bedeutung von Produktinformationen. Die sachliche Produktqualität ist für die Konsumenten meist zur Selbstverständlichkeit geworden und das funktional orientierte Informationsbedürfnis nimmt ab.²⁸⁷ Um Informationen zu erhalten, ist der Konsument nicht mehr auf die Werbung angewiesen. Er hat verstärkt die Möglichkeit, selbst an Informationen, zu gelangen, die ihn interessieren. Besonders durch die Verbreitung der Internetzugänge stehen dem Konsumenten viele Möglichkeiten der Informationsrecherche offen (siehe Kapitel 9.1.1.2).

---

[281] Eigene Feststellung
[282] vgl. Ellinghaus / Erichson / Zweigle (2003) in Gleich (2003)
[283] vgl. Eggert (1999), S. 132
[284] vgl. Sevenone Media GmbH (2002), S. 7
[285] vgl. Kroeber-Riel / Esch (2004), S. 22
[286] vgl. Scheier / Held (2006), S. 46

In Folge dieser Entwicklung kämpft auch die Werbung der Unternehmen um die Aufmerksamkeit der Konsumenten, da es häufig so scheint, als ob auch die Werbung austauschbar geworden ist.[288]

9.3 Demografischer Wandel

Der demografische Wandel ist ein weiterer Faktor, der die Werbung beeinflusst und somit auch die Werbewirkung betrifft. Derzeit leben in Deutschland ca. 82 Millionen Menschen, im Jahre 2050 werden es aber laut Statistischem Bundesamt nur noch zwischen 69 und 74 Millionen sein. Einer der wichtigsten Gründe dafür ist eine stetige Abnahme der Geburtenrate.

Jedoch nimmt nicht nur die Bevölkerungszahl weiter ab, sondern es wird auch mehr ältere Menschen geben, da die Lebenserwartung aufgrund der stetig verbesserten medizinischen Versorgung weiter ansteigt und mittlerweile bereits bei durchschnittlich 76 Jahren für Männer und bei knapp 82 Jahren für Frauen liegt.[289] In Hinblick auf die Werbung bedeutet dies zum einen, dass es aufgrund der abnehmenden Bevölkerung in Deutschland eine sinkende Anzahl von potenziellen Konsumenten gibt, die die Werbung erreichen und zum Kauf bringen will und zum anderen, dass sich die Konsumentenstruktur aufgrund des Bevölkerungswandels ändert. Laut einer Studie verfügen schon heute die 50- bis 70-Jährigen über drei- bis viermal so viel Geld wie die 19- bis 40-Jährigen, Tendenz steigend. Durch diese Veränderungen wird die jüngere Bevölkerung als Zielgruppe für die Werbung an Bedeutung verlieren und die Älteren werden an Bedeutung gewinnen, da sie sowohl konsumfreudig als auch zukünftig finanziell gut ausgestattet sind. Da es ein Ziel von Werbung ist, die Aufmerksamkeit der Konsumenten zu wecken, muss in Zukunft beachtet werden, dass mit zunehmendem Alter physiologische Einschränkungen auftreten, wie z.B. eine abnehmende Sehstärke oder Hörfähigkeit, die die Konzentration verringern. Dadurch erhöht sich der Zeitbedarf für die Informationsaufnahme und –speicherung und es sind mehr Werbewiederholungen nötig als bei jüngeren Zielgruppen. Ein Vorteil von älteren Zielgruppen ist die häufige Mediennutzung. Nach Angaben von Experten verbringen ältere Menschen durchschnitt-

---

[287] vgl. Kroeber-Riel / Esch (2004), S. 22 ff.
[288] vgl. Bongard (2002), S. 17
[289] vgl. Statistisches Bundesamt Deutschland (2006)

lich 7-8 Stunden pro Tag mit der Nutzung von elektronischen Medien und Printmedien.[290]

Nicht nur die sich ändernde Altersstruktur hat Auswirkungen auf die Werbewirkung, sondern auch die mehr als 7 Millionen Ausländer, die in Deutschland leben.[291] Denn die Herkunft von Menschen hat Einfluss auf ihr Konsumverhalten und ihr Verständnis von Werbebotschaften.[292]

9.4 Verändertes Konsumentenverhalten

9.4.1 Wertewandel

Ganz allgemein kann ein Wert als eine Vorstellung von einem wünschenswerten Endzustand definiert werden, die eine Vielzahl von Motiven und Einstellungen und dadurch eine Vielzahl von Verhaltensweisen beeinflusst. Persönliche Wertehaltungen werden herangezogen, um indirekt den Lebensstil von Konsumenten auszudrücken und Trends im Lebensstil festzustellen.[293] Der Lebensstil ist dabei ein komplexes Verhaltensmuster, das für eine Gruppe von Menschen typisch ist. Wertvorstellungen spielen eine wichtige Rolle im Konsumverhalten von Personen, da viele Produkte und Dienstleistungen gekauft werden, um ein Ziel zu erreichen, das sich auf Wertvorstellungen bezieht. Jede Gesellschaft bildet dabei ein spezifisches Wertesystem, das sich je nach Kultur unterscheidet.[294]

Einen Wertewandel kann zwar nicht vorausgesagt, aber doch festgestellt werden.[295] Laut einer Studie des Zukunftsforschers Professor Horst W. Opaschowski blicken die Deutschen nicht nur hoffnungsvoller in die Zukunft, sondern haben auch einen deutlichen Wertewandel hinter sich. Demnach werden Vertrauen und Freundschaft zunehmend wichtiger als etwa Reichtum.[296] Auch die zunehmende Erlebnis- und Genussorientierung sowie das Gesundheits- und Umweltbewusstsein sehen Forscher schon seit einigen Jahren als einen grundlegenden Wertewandel in unserer Gesellschaft.[297]

---

[290] vgl. Hörnemann (2006), S. 28 ff.
[291] vgl. Statistisches Bundesamt Deutschland (2006)
[292] vgl. Behrens (2006), S. 1 in OnetoOne Book (2006), S. 8
[293] vgl. Tietz (1983), S. 248 ff. in Kroeber-Riel / Weinberg (2003), S. 548
[294] vgl. Solomon / Bamossy / Askegaard (2001), S. 133 ff.
[295] vgl. Trommsdorff (2004), S. 189
[296] vgl. o.V. (2007) in Weilburger Tageblatt (2007)
[297] vgl. Kroeber-Riel / Weinberg (2003), S. 124

Gleichzeitig wird der Konsument mehr und mehr individueller. Der Trend zur persönlichen Selbstentfaltung ist ein wichtiges Indiz dafür.

9.4.2 Preissensibilität

Haben klassische Markenhersteller mit ihren Werbekampagnen angesichts der zunehmenden Preissensibilität der Konsumenten und Kampagnen, wie „Geiz ist geil" oder „Ich bin doch nicht blöd", noch die Chance wahrgenommen zu werden? In ihren Ausführungen zu Trends und Tendenzen in der Werbekommunikation sind die beiden Autoren Dierks und Hallemann der Ansicht, dass das „Sparparadigma" in unserer Gesellschaft weiterhin Mode ist.[298] Dies kann man vor allem der schlechten Wirtschaftslage zurechnen, die in Deutschland längere Zeit anhielt, jedoch langsam eine positive Wende nimmt. So ist die Zahl der Arbeitslosen wieder unter die Vier-Millionen-Grenze gesunken und auch die Einkommenserwartungen sind merklich gestiegen. Die ersten Tarifabschlüsse dieses Jahres bekräftigen diese positive Erwartungshaltung. Somit können die Arbeitnehmer die in diesem Jahr wirksam gewordenen zusätzlichen finanziellen Belastungen, wie die Mehrwertsteuererhöhung oder den Wegfall der Pendlerpauschale, besser kompensieren. Auch die Anschaffungsneigung konnte wieder zulegen, wofür vor allem die positive Einkommenserwartung verantwortlich ist. Dabei stehen laut der Gesellschaft für Konsumforschung die Aussichten für die Fortsetzung dieses positiven Trends gut.[299] Weiterhin positiv zu sehen ist, dass die Konsumenten laut einigen Trendforschern nicht mehr allein auf den Preis eines Produktes achten, sondern auch, ob es unter menschenwürdigen und ökologischen Bedingungen hergestellt wurde. So wollten Kunden nicht nur ihre Bedürfnisse beim Kauf von Produkten befriedigen, sondern dieses auch mit einem guten Gewissen tun.[300]

Aufgrund dieser Ausführungen und auch nach Meinung von vielen Werbe- und Agenturleitern geht somit der Trend der aggressiven Preiswerbung (z.B. „Geiz ist geil")wieder zurück.[301]

---

[298] vgl. Dierks / Hallemann (2005), S. 12 ff.
[299] vgl. GfK (2007), S. 1-3
[300] vgl. Große-Wilde (2007) in Weilburger Tageblatt (2007)
[301] vgl. GfK (2005), S. 104

10. Fazit

In der vorliegenden Studie wurde der aktuelle Stand der Werbewirkungsforschung im Zeitalter des Informationsoverflows der Konsumenten dargestellt. Grundlage war zunächst eine Begriffsabgrenzung der „Werbewirkung" und des „Werbeerfolgs" sowie der „Werbewirkungsforschung". Dabei wurden die psychologischen Werbewirkungen als Mittelpunkt des Buches herausgestellt, da die ökonomischen Werbeziele wie Absatz, Umsatz oder Marktanteil von zahlreichen Faktoren wie beispielsweise anderen Marketing-Mix-Variablen, Konkurrenzaktivitäten oder Umweltfaktoren beeinflusst werden und somit ein Wirkungszusammenhang zwischen der Werbung und den ökonomischen Zielgrößen schwer nachzuweisen ist.

Um abzubilden, wie die Werbung wirkt und welche Reaktionen sie beim Konsumenten auslöst, wurde im Laufe der Werbewirkungsforschung eine Vielzahl von Modellvorstellungen entwickelt. Eine Auswahl davon wurde in dem Buch vorgestellt. Das S-R-Modell sowie die Stufenmodelle gelten demnach heute weitestgehend als veraltet, da sie davon ausgehen, dass der Konsument der Werbung Aufmerksamkeit entgegen bringen muss, damit sie eine Wirkung auslösen kann. Außerdem erfolgt die Werbewirkung einem festen Wirkungsverlauf. Da der Konsument Werbung häufig ohne große kognitive Anstrengung verarbeitet und zunehmend weniger beachtet, sind diese Annahmen unrealistisch. Des Weiteren verläuft die Werbewirkung nicht zwangsläufig nach einer derartigen Stufenabfolge ab. Es können dagegen bestimmte Stufen übersprungen oder in einer geänderten Reihenfolge ablaufen. Vielmehr ist von wechselseitigen Einflüssen zwischen den Wirkungsgrößen auszugehen.

Die Involvement-Modelle machen zwar deutlich, dass auch bei passivem Werbekonsum eine Wirkung erzielt werden kann. Jedoch können auch sie genauso wenig wie die Stufenmodelle Indikatoren für die Vorhersagbarkeit des Konsumentenverhaltens liefern und sind aufgrund ihrer Komplexität nicht empirisch überprüfbar. Sinus-Milieu-Modelle versuchen anhand von Einteilungen der Bevölkerung in soziale Milieus einen Zusammenhang zwischen der Lebensweise und der Werbewirkung bzw. des Kaufverhaltens zu erstellen. Sie verallgemeinern jedoch zu stark und sind eher für Untersuchungen des Kaufverhaltens anwendbar als für die Werbewirkungsforschung. Festzuhalten ist, dass eine einheitliche Wirkungstheorie oder ein einheitliches Modell nicht aufstellbar ist, da aufgrund der zahlreichen Einflussfaktoren nicht von einem einheitlichen Wirkungsprozess der Werbung ausgegangen werden kann.

Da Werbewirkung ein abstraktes Konstrukt ist, das nicht direkt beobachtbar ist, werden Kriterien herangezogen, die die Wirkung von Werbung möglichst genau beschreiben sollen. Je nach Werbeziel wird ein anderes Kriterium herangezogen, um die Werbewirkung mittels verschiedener Messmethoden nachzuweisen. Die Wahrnehmung der Werbung und die Verarbeitung der Informationen ist dabei ein Kriterium. Der Konsument wird heute täglich mit über 3000 Werbebotschaften konfrontiert. Um ein Informationsoverflow des Gehirns zu vermeiden, werden dabei nur diese Informationen verarbeitet, die als relevant empfunden werden. Es findet also eine Selektion der Wahrnehmung statt. Nach Meinung des Marketing-Professors Kroeber-Riel herrscht in Deutschland ein Informationsoverflow durch die Werbung von etwa 95%. Das würde bedeuten, dass höchstens 5% der Werbung den Konsumenten erreichen und die verbleibenden 95% somit unwirksam sind. Mithilfe des Neuromarketings haben Gehirnforscher jedoch herausgefunden, dass der Mensch nur etwa 0,004% der Informationen bewusst wahrnimmt, die auf ihn treffen, die restlichen 99,996% an Informationen werden unbewusst aufgenommen und verarbeitet und wirken somit auch unbewusst auf den Konsumenten und sein Verhalten. Somit merkt der Konsument meist nicht, wie ihn die Werbung in seinen Kaufentscheidungen beeinflusst.

Zentrale Größen für die Werbewirkungsmessung sind aber nach wie vor die der Einstellungsänderung und der Werbeerinnerung. Diese können vorwiegend nur über verbale Äußerungen gemessen werden, was mittels verschiedener Befragungsmethoden geschieht. Die Aussagen der Konsumenten sind jedoch durch vielfältige Einflussfaktoren verzerrt und bilden meist nur das ab, was der Konsument bewusst wahrgenommen und verarbeitet hat. Da er jedoch den Großteil der Informationen unbewusst verarbeitet, sind sie demnach als Werbewirkungskriterium wenig aussagekräftig. Vielmehr sollten Methoden erforscht werden, um die unbewussten Prozesse im Inneren des Konsumenten abbilden zu können.

Nicht nur die Erkenntnisse des Neuromarketings haben Einfluß auf die Werbewirkungsforschung, sondern auch Veränderungen der Werbeträger und –maßnahmen, der Märkte und Entwicklungen in der Gesellschaft. So war die anonyme Kommunikation über die

Massenmedien für die Werbung lange Zeit von größter Bedeutung. Doch durch den Informationsoverflow wurde es für die Unternehmen immer schwieriger, Kontakte zu den Zielpersonen aufzubauen. Deshalb haben sie in den letzten Jahren verstärkt in Direktmarketingmaßnahmen investiert, um ihre Zielpersonen persönlicher und direkter ansprechen zu können und somit die Werbewirkung zu erhöhen.

Eine weitere Veränderung für die Werbung ist, dass die Bedeutung von Produktinformationen durch die Werbung für den Konsumenten an Bedeutung verliert, da die Mehrzahl der Produkte auf den meist gesättigten Märkten für ihn austauschbar geworden sind. Hinzu kommt, dass durch die Verbreitung neuer Medien, insbesondere des Internets, der Konsument verstärkt die Möglichkeit hat, eigenständig nach Produktinformationen zu recherchieren. Insgesamt kann eine Entwicklung von der passiven zur aktiven Werbenutzung beobachtet werden, bei der die Massenkommunikation, wie beispielsweise die Fernsehwerbung, an Bedeutung zugunsten von neuen Medien wie dem Internet verliert.

Laut Statistischem Bundesamt soll es bis zum Jahre 2050 zu einer merklichen Abnahme der deutschen Bevölkerung kommen. Des Weiteren ändert sich die Bevölkerungsstruktur aufgrund der sinkenden Geburtenrate und der steigenden Lebenserwartung. In Hinblick auf die Werbung bedeutet dies zum einen, dass es eine sinkende Anzahl von potenziellen Konsumenten gibt, und zum anderen, dass die jüngere Bevölkerung als Zielgruppe für die Werbung an Bedeutung verlieren und die älteren Menschen an Bedeutung gewinnen werden, da sie sowohl konsumfreudig als auch finanziell gut ausgestattet sind.

Neben den bereits beschriebenen Entwicklungen ist gleichzeitig eine Individualisierung des Konsumentenverhaltens zu beobachten. Der Trend geht hin zur persönlichen „Selbstentfaltung". Dadurch wird auch eine Einteilung in Zielgruppen immer differenzierter werden. Dies macht die Aufstellung einer allgemeingültigen Werbewirkungstheorie, wie sie beispielsweise durch Modelle abgebildet wird, nur schwer möglich.

Die Darstellungen zeigen, dass sich für die Werbung verschiedene Rahmenbedingungen verändert haben. Dies hat auch Auswirkungen für die Werbewirkungsforschung, die diese Veränderungen neben den Erkenntnissen des Neuromarketings mit in die Forschung einbeziehen muss. Aufgrund der situationsspezifischen Wirkungen und der nicht beobachtbaren inneren Prozesse des Konsumenten ist es schwierig, allgemeine Aussagen zur Werbewirkung zu treffen. Es so sollte vielmehr gezielter nach Werbebereichen unterschieden werden. Die Massenkommunikation richtet sich an eine anonyme Anzahl von Konsumenten und hat aufgrund des herrschenden Informationsoverflows oft nicht die Chance wahrgenommen zu werden. Hingegen wird der Konsument durch das Direktmarketing direkt und gezielt angesprochen, was die Wahrnehmungschance sehr erhöht. Durch neue Medien wie dem Internet entstehen Kommunikationskanäle, die eine Verbreitung von Produktinformationen innerhalb der Zielgruppen ermöglichen und somit neue Wege der Werbung und ihrer Wirkung ebnen, die jedoch noch keine lange Forschungstradition haben.

Weiterhin ist für den derzeitigen Stand der Werbewirkungsforschung hinzuzufügen, dass die Ergebnisse zwar für die werbetreibenden Unternehmen sowie für das Mediensystem wirtschaftlich eine große Bedeutung haben, jedoch der Eindruck entsteht, dass das Interesse an der praktischen Verwertbarkeit der Ergebnisse für die werbetreibenden Unternehmen gegenüber dem Forschungsinteresse überwiegt. Nach Bongard ist die Folge dessen eine zweckgebundene Aufklärung über Werbung und ihre Wirkungsmechanismen, die sich zwar wissenschaftlicher Methoden bedient, aber nicht als wissenschaftliche Forschung zu bezeichnen ist, da die werbetreibenden Unternehmen die Richtung vorgeben.[302] Tatsächlich entsteht bei Titeln wie „Wie Werbung wirkt - Print sells"[303], „Wirkt Radiowerbung?"[304] oder „Internetwerbung, die wirklich wirkt"[305] der Eindruck, dass vordergründig die Werbetreibenden zur Tätigung von höheren Investitionen in Werbemaßnahmen animiert werden sollen und nicht die Forschung im Fokus der Arbeiten steht. Dies ist nicht verwunderlich, wenn man bedenkt, dass die Veröffentlichungen oft von Marktforschungsinstituten oder Medienunternehmen stammen, die ihre Einnahmequellen sichern möchten. Ziel der Werbewirkungsforschung sollte jedoch sein, die Werbeinvestitionen aufgrund der Ergebnisse optimieren zu können. Für die Zukunft ist es wünschenswert, dass theoretische und praktisch anwendbare Entwicklungen in der Werbewirkungsforschung gleichermaßen einhergehen, um zu neuen Erkenntnissen zu gelangen.

---

[302] vgl. Bongard (2002), S. 3 ff.
[303] Untersuchungen zur Absatzwirkung von Print (herausgegeben vom Verband Deutscher Zeitschriftenverleger)
[304] Internetstudie (herausgegeben vom RMS Radio Marketing Service)
[305] herausgegeben von Beratern für Internetdienste

Literaturverzeichnis

1. Primär- und Sekundärliteratur

Altenbach, M. (2006): „Kommunikation neu denken – Werbung, die wirkt", Göttingen 2006

Becker, W. (1973): „Beobachtungsverfahren in der demoskopischen Marktforschung" in: Meffert, H. (2000): „Marketing", 9.Auflage, Wiesbaden 2000

Böhler, H. (2004): „Marktforschung", 3.Auflage, Stuttgart 2004

Bongard, J. (2002): „Werbewirkungsforschung: Grundlagen, Probleme, Ansätze", Band 7, Münster 2002

Brosius, H-B. (2001): „Methoden der empirischen Kommunikationsforschung", Wiesbaden 2001

Brosius, H. / Jenzowsky, S.: „Medienpsychologische Werbewirkungsforschung" in: Spanier, J. (2000): „Werbewirkungsforschung und Mediaentscheidung: Förderung des Informationstransfers zwischen Wissenschaft und Praxis", Band 13, München 2000

Bruhn, M. / Homburg, C. (2004): „Gabler-Lexikon Marketing", 2.Auflage, München 2004

Bruns, J. (1998): „Direktmarketing", Ludwigshafen 1998

Coric, R. / Johann, A. / Summer, J. (2002): „Internetwerbung, die wirklich wirkt", Frankfurt 2002

Craig, C.S. / Sternthal, B. / Leavitt, C.: „Advertising wearout: an experimental analysis" in: Spanier, J. (2000): „Werbewirkungsforschung und Mediaentscheidung: Förderung des Informationstransfers zwischen Wissenschaft und Praxis", Band 13, München 2000

Dichtl, E. / Kaiser, A.: „Die Werbung in den Wirtschaftswissenschaften" in: Spanier, J. (2000): „Werbewirkungsforschung und Mediaentscheidung: Förderung des Informationstransfers zwischen Wissenschaft und Praxis", Band 13, München 2000

Dierks, S. / Hallemann, M. (2005): „Die Bild-Sprache der Werbung – und wie sie wirkt", Hamburg 2005

Eggert, U. (1999): „Mega-Trends im Verkauf – Was sich in Gesellschaft, Handel und Vertrieb ändert", Regensburg / Düsseldorf 1999

Ellinghaus, U. (2000): „Werbewirkung und Markterfolg: markenübergreifende Werbewirkungsanalysen", München 2000

Erichson, B. / Maretzki, J. (1993): „Werbeerfolgskontrolle" in: Berndt, R. / Hermanns, A. (1993): „Handbuch Marketing-Kommunikation", Wiesbaden 1993

Felser, G. (2001): „Werbe- und Konsumentenpsychologie", 2.Auflage, Stuttgart 2001

Fox, C. (2004): „Wie wirkt Werbung?", Berlin 2004

Fritz, W. (2000): „Internet-Marketing und Electronic Commerce - Grundlagen – Rahmenbedingungen - Instrumente", Wiesbaden 2000

Häusel, H. (2007): „Brain Script – Warum Kunden kaufen", München 2007

Hörnemann, S. (2006): „Werbung im Wandel", Saarbrücken 2006

Homer, P.M. (1990): „The mediating role of attitude toward the ad" in: Spanier, J. (2000): „Werbewirkungsforschung und Mediaentscheidung: Förderung des Informationstransfers zwischen Wissenschaft und Praxis", Band 13, München 2000

Kloss, I. (2003): „Werbung – Lehr-, Studien- und Nachschlagwerk", 3.Auflage, München 2003

Kroeber-Riel, W. / Esch, F. (2004): "Strategie und Technik der Werbung", 6.Auflage, Stuttgart 2004

Kroeber-Riel, W. / Weinberg, P. (2003): „Konsumentenverhalten", 8.Auflage, München 2003

Mayer, H. / Illmann, T. (2000): „Markt- und Werbepsychologie", 3.Auflage, Stuttgart 2000

McDonald, C. (1994): „Verbraucherreaktionen verstehen" in: Bongard, J. (2002): „Werbewirkungsforschung: Grundlagen, Probleme, Ansätze", Band 7, Münster 2002

Meffert, H. (2000): „Marketing", 9.Auflage, Wiesbaden 2000

Müller, W. / Weber, R. (1994): „Werbeinstrumente und Werbewirkung" in: Das Wirtschaftsstudium, Band 11, 1994

Ohne Verfasser (1996): „Standard-Lexikon Werbung, Verkaufsförderung, Öffentlichkeitsarbeit", Band 2, München 1996

Scheier, C. / Held, D. (2006): „Wie Werbung wirkt – Erkenntnisse des Neuromarketing", München 2006

Scheier, C. / Koschel, K. (2002): „Your Customer's Eyes – Planung und Analyse", Hamburg 2002 in: Fox, C. (2004): „Wie wirkt Werbung?", Berlin 2004

Schenk, M. / Donnerstag, J. / Höflich, J. (1990): „Wirkungen der Werbekommunikation", Köln 1990

Scheuch, E. : „Das Interview in der Sozialforschung" in: Spanier, J. (2000): „Werbewirkungsforschung und Mediaentscheidung: Förderung des Informationstransfers zwischen Wissenschaft und Praxis", Band 13, München 2000

Schlichthorst, M. (2006): „Relevanz von Werbeeinstellungen zur Kontrolle langfristiger Werbewirkung im Fall etablierter Konsumgütermärkte", Kiel 2006

Schönbach, K. (2002): „Eine Inventur der Inventare - Übersichten zu Effekten von Anzeigen: eine annotierte Bibliographie", Frankfurt 2002

Schweiger, G. / Schrattenecker, G. (2005): „Werbung", 6.Auflage, Stuttgart 2005

Solomon, M. / Bamossy, G. / Askegaard, S. (2001): "Konsumentenverhalten", München 2001

Spanier, J. (2000): „Werbewirkungsforschung und Mediaentscheidung: Förderung des Informationstransfers zwischen Wissenschaft und Praxis", Band 13, München 2000

Steffenhagen, H. (2000): „Wirkungen der Werbung", 2.Auflage, Aachen 2000

Tietz, B. (1983): „Konsument und Einzelhandel", Frankfurt 1983 in: Kroeber-Riel, W. / Weinberg, P. (2003): „Konsumentenverhalten", 8.Auflage, München 2003

Trommsdorff, V. (2004): „Konsumentenverhalten", Stuttgart 2004

Walther, O. (1994): „Das neue große Lexikon", München 1994 in: Fox, C. (2004): „Wie wirkt Werbung?", Berlin 2004

Wiltinger K. / Wiltinger, A. (2006): „Messung der Werbewirkung" in: Das Wirtschaftsstudium, Band 35, 2006

Zentralverband der deutschen Werbewirtschaft (2006): „Werbung in Deutschland 2006", Berlin 2006

2. Internetquellen

Behrens, F. (2006): „Willkommen in der neuen, bunten Werbewelt" in: OnetoOne Book, Ausgabe 5, „Trends",
http://onetoone.de/downloads/otobook_5/OtO5_008_011.pdf (abgerufen am 07.05.2007, 16:30 Uhr)

Bundesverband Digitale Wirtschaft BVDW e.V. (2006): „Mobilfunk",
http://www.bvdw.org/fileadmin/downloads/marktzahlen/basispraesentationen/bvdw_basispdf_mobile_20061025.pdf (abgerufen am 09.05.2007, 20:50 Uhr)

Bundesverband Digitale Wirtschaft BVDW e.V. (2007): „OVK Online-Report 2007/01",
http://www.bvdw.org/fileadmin/downloads/marktzahlen/basispraesentationen/OVK_OnlineReport_200701.pdf (abgerufen am 09.05.2007, 20:50 Uhr)

Cappellen, I. (WAK e.V. Köln): „Marktforschung Teil 3 BWL T6",
http://www.waklig.de/Lern-PDFs/Ma-Fo/MaFo_Script_Teil_3.pdf (abgerufen am 09.05.2007, 15:00 Uhr)

Deutsche Post AG (2007): „Direkt Marketing Lexikon",
http://www.deutschepost.de/dpag?tab=1&skin=hi&check=no&lang=de_DE&xmlFile=55467 (abgerufen am 04.05.2007, 17:30 Uhr)

Deutsche Post AG (2007): „Bewegt und interaktiv: Online-Video-Werbung",
http://www.postmail.ch/de/pm_directpoint/pm_dp_dm_news/pm_dp_dm_news_2007_02_01 (abgerufen am 05.05.2007, 16:10 Uhr)

Deutsche Post (2007): „Direkt Mehr", Ausgabe Februar 2007,
http://www.deutschepost.de//mlm.html/dpag/images/download/broschueren.Par.0430.File.pdf/DM701_Febr_S1_8rz.pdf (abgerufen am 04.05.2007, 19:15 Uhr)

Deutsche Post (2006): „Direktmarketing Deutschland 2006 – Studie September 2006" in: Deutscher Direktmarketing Verband e.V. (DDV): „Einsatz der einzelnen Direktmarketingmedien",
http://www.ddv.de/direktmarketing/index_direktmarketing-einsatz-medien.html (abgerufen am 04.05.2007, 18:25 Uhr)

Deutscher Direktmarketing Verband e.V. (DDV) (2007): „D-A-CH-Direktmarketing-Barometer signalisiert gute Branchenentwicklung",
http://www.ddv.de/index_news_9567.html (abgerufen am 07.05.2007, 11:50 Uhr)

Ellinghaus, U. / Erichson, B. / Zweigle, T. (2003): „Welche Fernsehspots wirken am besten?" in: Gleich, U. (2003): "Aktuelle Ergebnisse der Werbewirkungsforschung", http://www.ard-werbung.deshowfile.phtmlfodi.pdffoid=8349 (abgerufen am 01.04.2007, 15:30 Uhr)

ENIGMA GfK: „Frauen und Senioren auf dem Vormarsch – Ergebnisse des Online Shopping Survey 2006", http://www.gfk.com/imperia/md/content/businessgrafics/pd_oss_2007_dfin.pdf (abgerufen am 26.04.2007, 15:30 Uhr)

Gesellschaft für Konsumforschung (GfK) (2006): „Brief, Anruf, E-Mail: Gibt es den Königsweg zum Verbraucher? Das GfK DirectMarketing-Panel 2006" in: OnetoOne Book, Ausgabe 5, „Marktforschung", http://onetoone.de/downloads/otobook_5/OtO5_082.pdf (abgerufen am 07.05.2007, 17:35 Uhr)

Gesellschaft für Konsumforschung (GfK) (2007): „Konsumklima-Studie für April 2007", http://www.gfk.com/imperia/md/content/presse/pd_gfk-konsumklima_april_2007_dfin.pdf (abgerufen am 04.05.2007, 12:15 Uhr)

Gesellschaft für Konsumforschung (GfK) (2005): „Wirtschaftwoche-Werbeklima-Studie 2006", http://www.gfk.com/imperia/md/content/presse/studien_und_publikationen/wk_2006_kompl.pdf (abgerufen am 02.05.2007, 13:00 Uhr)

Gleich, U. (2003): "Aktuelle Ergebnisse der Werbewirkungsforschung", http://www.ard-werbung.deshowfile.phtmlfodi.pdffoid=8349 (abgerufen am 01.04.2007, 15:30 Uhr)

Goldmedia GmbH (2005): „Eine umfassende Marktstudie zur Teleshopping-Akzeptanz", http://www.goldmedia.com/uploads/media/Pressemeldung3_Teleshopping_Buch.pdf (abgerufen am 03.05.2007, 11:55 Uhr)

Gsc-consult GmbH (2006): „E-Mail-Response-Management als Erfolgsfaktor im Katalog- und Online-Handel" in: OnetoOne Book, Ausgabe 5, „E-Mail-Management", http://onetoone.de/downloads/otobook_5/OtO5_070.pdf (abgerufen am 07.05.2007, 17:00 Uhr)

Holland, H. / Bammel, K. (2006): „Mobile Marketing - ein neues Medium im Direktmarketing" in: OnetoOne Book, Ausgabe 5, „Aus- und Weiterbildung", http://onetoone.de/downloads/otobook_5/OtO5_054.pdf (abgerufen am 07.05.2007, 16:45 Uhr)

Koschnick, W. (2003): „Focus-Lexikon", http://www.medialine.de/hps/client/medialn/tfext/call_mdln/WCKjs8nDpepKfWaa@wekrRVVA7uS6cgNA9vQfi/medialn_article_wissen/wissen/medialexikon/HXCORE_NAV_5000039.hbs?stichwort=werbeerfolg (abgerufen am 28.03.2007, 15:00)

Martin, B. (2003): „The influence of gender on mood effects in advertising" in: Gleich, U. (2003): "Aktuelle Ergebnisse der Werbewirkungsforschung", http://www.ard-werbung.deshowfile.phtmlfodi.pdffoid=8349 (abgerufen am 01.04.2007, 15:30 Uhr)

Müller, M. (2007): „Marktforschung mit Neuromarketing",
http://www.marktforschung-mit-neuromarketing.de (abgerufen am 18.05.2007, 11:45 Uhr)

Nielsen Media Research (2007): „Nielsen Direct Mail Werbestatistik",
http://www.nielsen-media.de/pages/studie.html (Studie bestellt am 18.04.2007)

Payback (2007): „Über das Payback-Programm",
http://www.payback.de/pb/ueberpayback/id/7184/index.html (abgerufen am 14.05.2007, 16:15 Uhr)

Postmail (2007): „Bewegt und Interaktiv: Online-Video-Werbung",
http://www.post.ch/de/index_pm/pm_geschaeftskunden/pm_directpoint/pm_dp_dm_news/pm_dp_dm_news_archiv_07/pm_dp_dm_news_2007_02_01.htm (abgerufen am 14.05.2007, 20:30 Uhr)

Postmail (2007): „5 Thesen zu Konsumtrends und Werbung",
http://www.postmail.ch/de/pm_directpoint/pm_dp_dm_news_2007_01_02.htm (abgerufen am 04.05.2007, 18:15 Uhr)

Scheier, C. (2006): „Wie Werbung wirkt – Die Homepage zum Buch",
http://www.implicit-marketing.de/weblog/2006/10/31/implizite-entscheidungen-machen-zufriedener (abgerufen am 18.05.2007, 11:50 Uhr)

Sevenone Media GmbH (2002): „Werbewirkungsforschung",
http://www.sevenonemedia.de/download/publikationen/werbewirkung.pdf (abgerufen am 12.02.2007, 18.00 Uhr)

Sinus Siciovision (2007): „Von den Anfängen des Modells bis heute",
http://www.sinus-sociovision.de (abgerufen am 09.05.2007, 16:45 Uhr)

Statistisches Bundesamt Deutschland (2006): „Bevölkerung",
http://www.destatis.de/themen/d/thm_bevoelk.php (abgerufen am 18.04.2007, 15:45 Uhr)

Tomorrow Focus AG (2006): „Ad Effects 2006 – Wirkung von Online-Werbeformen",
http://www.tomorrow-focus.de/Dokumente/Studien/Deutsch/AdEffects%202006%20-%20Ergebnisband.pdf (abgerufen am 03.05.2007, 10:25 Uhr)

Wassel, P. (2006): „Vom Personenverkehr bis zum Softdrink – Kundenbindung ist Programm" in: OnetoOne Book (2006), Ausgabe 5,
http://onetoone.de/downloads/otobook_5/OtO5_084_085.pdf (abgerufen am 07.05.2007, 19:00 Uhr)

Wiewer, V. (2007): „Online Vertrauen beim Kunden schaffen" in: Deutscher Direktmarketing Verband e.V. (DDV) (2007): „DDV-Jahrbuch Dialogmarketing 2007", http://www.ddv.de/downloads/Jahrbuch/080-081_DDV2007.pdf (abgerufen am 07.05.2007, 12:30 Uhr)

Wintrich, T. / Kilzer, F. (2002): „Markenbindung und Werbewirkung", http://www.tns-infratest.com/pdf/presse-autorenbeiträge/Artikel_PA_3-2002_MarkenbindungundWerbewirkung.pdf (abgerufen am 12.02.2007, 18:15 Uhr)

Wissenschaftliche Gesellschaft für Innovatives Marketing e.V. (2006): „Marketing News", http://www.marketing.wiso.uni-erlangen.de/showdoc.php?file=newsletter-49_01.pdf (abgerufen am 09.05.2007, 17:00 Uhr)

Zoom – Magazin für moderne Geodaten-Anwendungen (2003): „Die Sinus-Milieus: Mosaik der deutschen Gesellschaft", http://www.ddsgeo.de/de/zoom/zoom_01_03.pdf (abgerufen am 09.05.2007, 17:05 Uhr

3. sonstige Quellen

Breyer, W. (Market and Trend Research, BMW AG München): Telefoninterview zu aktuellen Kommunikationsstudien der BMW AG am 26.04.2007

Große-Wilde, C. (2007): „Das gute Gewissen ist beim Einkauf dabei" in: Weilburger Tageblatt, Zeitungsartikel vom 09.05.2007

o.V. (2007): „Deutsche sind wieder optimistisch" in: Weilburger Tageblatt, Zeitungsartikel vom 05.05.2007

TNS Infratest (2006): „Versandhandel in Deutschland: eine Untersuchung von TNS Infratest im Auftrag des Bundesverbandes des deutschen Versandhandels e.V. (bvh)" (als pdf-Datei zugesandt durch Herrn Lenz am 23.04.2007)

Tölle, K. (FH Gießen-Friedberg Wintersemester 2005/2006): Skript „Absatzpolitische Instrumente II"

Tölle, K. (FH Gießen-Friedberg Sommersemester 2006): Skript „Marktforschung"